www.ingramcontent.com/pod-product-compliance
Lightning Source LLC
LaVergne TN
LVHW051125051026
849532LV00004BB/1684
* 9 7 8 9 3 6 9 0 8 6 6 7 2 *

تنقیدی افکار

(حصہ سوم)

(سہ ماہی 'ثالث' کے شماروں سے منتخب مضامین)

مرتب:

اقبال حسن آزاد

Tanqeedi Afkaar - Part:3 *(Literary Essays)*
by: Eqbal Hasan Azad
Edition: March '2025
Publisher :
Taemeer Publications LLC (Michigan, USA / Hyderabad, India)

ISBN 978-93-6908-667-2

کتاب	:	**تنقیدی افکار** (حصہ سوم)
مرتب	:	**اقبال حسن آزاد**
صنف	:	تحقیق و تنقید
ناشر	:	تعمیر پبلی کیشنز (حیدرآباد، انڈیا)
سالِ اشاعت	:	۲۰۲۵ء
صفحات	:	۹۰
سرورق ڈیزائن	:	تعمیر ویب ڈیزائن

فہرست

● فرخ ندیم

متن، تناظر اور لسانی ساختیں

زبان ایک ثقافتی سرگرمی ہے جس سے معنی کشید کیے جاتے ہیں۔ معنی کا انکشاف اسی صورت میں ممکن ہے جب ابلاغ میں لسانی ماحول دونوں صورتوں میں ایک جیسا ہو، یعنی پیغام دینے والے اور لینے والے کا متن سے رشتہ ایک ہی ثقافتی ماحول سے جڑ کر وجود میں آیا ہو۔ کسی بھی ابلاغی ماحول میں عدم مطابقت معنی آفرینی میں نہ صرف کسی غیر ارادی خلل کا سبب بن سکتی ہے بلکہ کسی ایسے معنوی نظام کو تشکیل بھی کرسکتی ہے جو کلام یا متن کے تقاضوں کے برعکس ہو۔ اب ظاہر ہے کوئی ایسا انسانی متن یا کلام موجود نہیں جس کی لسانی تشکیلات میں ارادی معنی نے معدومیت سادھ لی ہو۔ لفظ، سوچ کا لباس ہونے کے سبب کسی فکری نظام کا آئنہ دار بھی ہے۔ ایک لفظ ایک لسانی اکائی ہونے کے سبب اپنی شناخت ایسی صورت میں وضع کر سکے گا جب اس کا رشتہ دوسری لسانی اکائیوں سے استوار ہوگا۔ ایسے ہی جیسے ایک انسان کی پہچان فرد واحد کے طور پہ ادھوری اور نامکمل ہے جب تک وہ دوسرے انسانوں سے سماجی اور ثقافتی جڑت سے مشروط نہ ہو۔ کسی بھی کلام کا ایک جملہ ایسے ہی ہے جیسے کسی سماج میں انسانی رشتوں کی ساختیں تشکیل پاتی ہیں۔ فرد واحد کی تحلیل نفسی ہو، اس کی فردیت کے پس پردہ محرکات کی تفہیم ہو یا کسی متن کے طور پہ اس کی تعبیر، پورے معاشرتی ماحول میں رکھ کر ہی کی جاسکتی ہے۔ اسی طرح لفظ کو اس کے جملے میں موجود الفاظ کے انتخاب و انسلاک میں ارتباط سے مشروط کیے بغیر کسی معنوی نظام سے منسلک کرنا معنی خیزی کے عمل میں غیر استدلالی عمل سمجھا جائے گا۔ لسان جیسے کہ سب کو معلوم ہے کہ ایک سماجی عمل ہے۔ اسی نقطہ نظر سے ادبی لسان بھی ایک سماجی عمل ٹھہرا۔ اس عمل داری کی تعبیر میں کسی بھی غیر منطقی طرز فکر کی مداخلت معنی خیزی کے عمل کو کسی ایسے کثیف معنوی نظام سے مربوط کردے گی جو سراسر غیر فطری ہے۔

جب سے انسانی معاشروں میں مابعد طبیعاتی مداخلت کے تجربات سامنے آئے ہیں، ان کی لسانی ساختیں بھی "دگگن اساس" رویوں کی بھینٹ چڑھ گئی ہیں۔ انسان کی تعبیر آسمانی ڈسکورس سے متجسم ہونے لگی

جس (عمل) نے انسان کو زمین و آسمان کے درمیاں بانٹ دیا۔ انسان کا زمینی رابطہ منقطع ہونے کی وجہ سے اختیاری اور بے اختیاری میں فرق دھندلا گیا۔ اب یہی سمجھا جانے لگا کہ شعر و ادب بھی بے اختیاری عمل ہے۔ یہ فکر علت و معلول کے فطری سلسلے کے برعکس ہونے کے سبب غیر استدلالی بھی ہے۔ یہیں سے انسانی بیانہ اور مہا بیانہ کی ناگزیر تخصیص شروع ہو جاتی ہے جس سے نہ صرف لفظ بلکہ اس کی تعبیر بھی متاثر ہوئے بغیر نہ سکی۔ ادبی تنقید کا مطلب ہی ججمنٹ یا انصاف اساس تعبیر ہے اور یہ کیسے ممکن ہے کہ شعر و ادب میں بے اختیاری یا آسمانی ارادے کا اعتقاد بھی موجود ہو اور تنقید میں انصاف یا معروضیت بھی مستحکم شکل میں موجود ہو۔ کوئی بھی نظریاتی جڑت معنی میں تزلزل کا کہیں نہ کہیں سبب ضرور بنتی ہے۔ اگر فطری کا ترجمہ کسی آسمانی ڈسکورس کی رو سے کیا جائے تو غیر فطری ہر وہ عمل ٹھہرتا ہے جو انسانی ارادوں کا ثمر ہے۔ علت و معلول کے رشتوں کو اسی لئے ناپسندیدہ نظروں سے دیکھا جاتا ہے کہ اس میں انسانی ارادے کا عمل دخل ہے۔ یہی کچھ صورت ادبی تخلیقات کے سلسلے میں سامنے آتی ہے۔ یہاں غالب سے حالتِ موجود تک تمام تخلیقی سفر میں غائب غیر مشروط طور پہ موجود ہے۔ اور جو اصل میں موجود ہے وہ سرے سے غائب ہے۔ شعر و ادب میں دو مکاتب فکر کا اجراء اسی ناگزیر تخصیص کے مرہون منت ہے۔ اس لئے تنقید بھی تنقیص کا مظہر بننے لگی۔ اس لئے اردو تنقید کا ایک بڑا حصہ اور ڈسکورس مابعد الطبیعاتی تنقید ہونے کا تاثر دیتا ہے۔ صورت حال یہ ہے کہ یا تو تنقید ادیب اساس ہے یا آج کل قاری اساس جو بالکل ہی قاری کی ادبی تربیت کو نظر انداز کر کے متن کی تفہیم کو ترجیح دیتی ہے یا ایسی روایتی لفظیات سے ساخت کی گئی تنقید ملتی ہے جس کے (کم و بیش) سارے تصوارت اور لسانی ترکیبات کسی ایسی ماورائی دنیا سے مستعار لی جاتی ہیں جن کا نہ تو کسی تخلیقی تجربے سے کوئی تعلق ہوتا ہے نہ انسانی نفسیات سے، نہ تناظر سے اور نہ ہی متن کی لسانی پرکھ سے۔ متن ایک تخلیقی تجربے کے علاوہ لسانی و ثقافتی ماحول بھی ہے۔ اس ماحول میں وہ تمام ساختیں اور جہتیں موجود ہوتی ہیں جن پہ ادبی اور تنقیدی تصورات کا اطلاق کر کے معنی کی دریافت تجسیم کی جاتی ہے۔ معنی کی کھوج کا یہ سفر لسانی شعور کے بغیر ممکن نہیں۔ ہمیں یہ سوچنے پرکھنے میں کسی بھی حیل و حجت سے گریز کرنا ہوگا کہ متن اور نفسیات، متن اور سماج، متن اور معاشرتی رویے، متن اور قاری میں تفہیمی تعلق، متن اور جنسی / صنفی امتیاز، متن اور لسانی سیاست، متن اور ذہن سازی، متن اور اجتماعی شعور و لاشعور، متن سازی اور تصور سازی، متن اور نظریاتی طاقت، متن اور لسانی اسیری، متن اور ثقافتی غلبہ، متن اور ریاستی جبر، متن اور کلچر، متن کی لازمیت، حتمیت اور نظریاتی آمریت، متن اور صارفی ثقافت، متن اور طبقاتی تقسیم، متن اور لاشعور، متن اور شوی نظام، متن اور مارکیٹ، متن اور جسم وغیرہ سماجی حقائق ہونے کے ساتھ ساتھ لسانی ساختیں بھی ہیں، اس لئے ان کے لسانی

تجزیات سے تنقیدی شعریات کو وسعت دی جاسکتی ہے۔اس مشق سے ہم علم الکلام کی پروردہ تنقید اور روایتی منطق سے نکل کر سائنسی طرز تجزیہ اپنا سکتے ہیں اور کلامیوں بیانیوں میں موجود تلازمہ کاری، جزیات نگاری، سٹیریوٹا ئپنگ، تمثیل و تجرید، ارتباط، وحدت تاثر وغیرہ کا احاطہ بھی نئے انداز سے کیا جاسکتا ہے۔موجودہ عہد تنقید و تخلیق میں فکری مغالطوں کی تشکیل سے واقف ہوتا جارہا ہے۔اس کی بڑی وجہ ادب کو لسان سے جوڑ کر دیکھنے کا رجحان ہے، اس نئے ادبی کلچر نے لفظ اور معنی کے درمیاں تعلق کی جس بحث کا آغاز کیا ہے اس نے تخلیق و تنقید میں مروج اصطلاحات اور مقبول لسانی تراکیب کی پرکھ کی ذمہ داری بھی قبول کر لی ہے۔اب کسی بھی ایسے لفظ کو قبولیت مشکل ہی سے ملے گی جو غیر ضروری طور پہ تجریدی ہو۔معنی کو اپنی جنگ لڑنا پڑے گی۔اس کے بغیر اس کا لفظ ادھورا ٹھہرے گا۔مثال کے طور پہ لفظ عشق کو تصوف کی نگاہ سے دیکھے جانے کی لازمیت چیلنج ہو جائے گی۔شاعری کیسے ''قلبی واردات'' ٹھہری اور یہاں واردات سے کیا مراد ہے وغیرہ وہ تنقیدی ڈکشن ہے جو روایتی اصول مرتب کرتی ہے۔ادب ایک لسانی ساخت ہے یا تناظر میں موجود لسانی نظام کی تبدیل شدہ شکل ہے جس میں تناظر ہی سے موضوعات کشید کیے جاتے ہیں۔اس طرح خیال اور اظہار میں یہ تناظری ربط بڑی اہمیت کا حامل ہے۔لیکن تناظر کے متن پہ اثرات کا جائزہ ماورائی خلاؤں سے لینے کی بجائے خود متن سے کیا جائے تو تنقید معتبر بن جاتی ہے۔دوسری صورت میں، اس اکتسابی عمل میں، وہی ''مابعد متن ابہام'' تعبیر و تفہیم میں رکاوٹ کا سبب بنے گا۔

◀◀ ● ▶▶

● ثوبان سعید

کلیات فضا ابن فیضی......ایک جائزہ

موجودہ دور میں کتابوں کی طباعت واشاعت کے کام میں کافی حد تک سہولت پیدا ہوگئی ہے۔ کمپیوٹر نے جہاں انسانی زندگی کے مختلف شعبوں میں آسانیاں پیدا کی ہیں، وہیں پریس کے نظام میں بھی بہتری اور معیاری تبدیلیاں سامنے آئی ہیں۔لیکن اس آسانی اور ترقی کا ایک دوسرا پہلو یہ بھی ہے کہ اب بازار میں، بک اسٹالوں پر، کتابوں کی نمائش میں کتابوں کا اس قدر ذخیرہ موجود رہتا ہے کہ بہترین کتابوں تک ایک عام قاری کی دست رس مشکل سے ہو پاتی ہے۔گذشتہ برس مکتبہ نعیمیہ، مئوناتھ بھنجن نے فضا ابن فیضی کا کلیات شایع کیا ہے،جس کی ترتیب وتدوین کا کام محمد جابر زماں نے انجام دیا ہے۔بعض مستثنیات کو چھوڑ کر یہ کلیات بہترین کتابوں کی فہرست میں شامل کئے جانے کا پورا پورا حق رکھتی ہے۔

یہ کتاب کم ازکم دو نوعیت کے تبصروں کی متقاضی ہے۔ایک تبصرہ تو فضا کی شاعری کے مختلف جہات کو سامنے رکھ کر ہوگا۔ یہ ذمہ داری ہے معاصر تنقید نگاروں کی کہ وہ اس کلیات کی روشنی میں فضا صاحب کی شاعری کے امتیازات کو سامنے لائیں اور معاصر اردو شاعری میں ان کی قدر و قیمت کا تعین کریں، کیوں کہ یہ بات محسوس کی گئی ہے کہ فضا کی شاعری ابھی تشنۂ تنقید ہے۔تبصرے کی دوسری نوعیت تدوینی ہوگی، جس میں تدوین کے اصولوں کی روشنی میں مرتّب کے طرزِ عمل کا احتساب کیا جائے۔زیرِ نظر تبصرہ تدوین کے اصولوں کی روشنی میں کیا گیا ہے۔

کلیات پر میرے اس تبصرے کے دو بنیادی مقاصد ہیں...... پہلا مقصد تو یہ ہے کہ چوں کہ انتشار اور عجلت پسندی کے اس دور میں ترتیب وتدوین کے کام کی ذمہ داریوں سے عہدہ برآ ہونے کی ہمت چند ایک دیوانے ہی کرتے ہیں، اس لئے ان کی حوصلہ افزائی ضروری ہوجاتی ہے۔اسی غرض کا ضمیمہ یہ بھی ہے، چوں کہ مرتّب نے اس کلیات کو تین جلدوں میں شایع کرنے کا پروگرام بنایا ہے، جس کا نقش اول یہ کلیات ہے۔اس لئے اس کتاب پر ایک تبصرے کی ضرورت محسوس کی گئی، تاکہ جن نکات اور باریکیوں سے

مرتّب کی نظر چوک گئی ہے، ان فروگذاشتوں کی تکرار نہ ہو؛ اور تدوین کا ایک قابلِ تقلید معیار سامنے آسکے۔ دوسرا مقصد اس تبصرے کا یہ ہے کہ عملی طور سے تدوین کے اصولوں کی روشنی میں بعض نکات اور مباحث پر سیر حاصل گفتگو کی جائے تاکہ تدوین اور ترتیب کے اصول طلبہ کے ذہن میں تازہ ہوسکیں۔

فضا کا یہ کلیات صرف غزلوں کے سرمایے پر مشتمل ہے، اور اس میں جن مجموعوں کو شامل کیا گیا ہے، ان کے نام ہیں: سفینۂ زرِگل، دریچۂ سیمِ سمن، پسِ دیوارِ حرف اور سبزۂ معنیِ بیگانہ۔ فضا صاحب نے نظمیں لکھی ہیں، غزلیں لکھی ہیں، رباعی کی صنف میں بھی انہوں نے طبع آزمائی کی ہے، حمد اور نعت کی صنف میں بھی ان کا کلام ہے، اس کے علاوہ مختلف اداروں اور تنظیموں کے ترانے بھی ان کے قلم کے مرہونِ منت ہیں؛ لیکن مرتّب نے اپنی صواب دید کے مطابق غزلوں کے حصے کو مقدّم کیا ہے، اس طرح سے زیرِ نظر کلیات صرف فضا کی غزلوں کا احاطہ کرتا ہے؛ باقی اصناف اگلی اشاعتوں میں، جو غالباً ترتیب کے مرحلے میں ہیں۔

تدوین میں املا اور روشِ کتابت کی خاص اہمیت ہوتی ہے، کیوں کہ املا کسی لفظ کی تحریری صورت کو کہتے ہیں، گویا کسی لفظ کا املا اس بات کو طے کرتا ہے کہ وہ لفظ زبان سے کیسے ادا کیا جاتا ہے، یعنی اس کا تلفظ کیا ہے۔ اسی ملفوظی صورت کی تحریری شکل املا کہلاتی ہے۔ اس طرح سے املا کا تعین درحقیقت تلفظ کے تعین کے مرادف ہوگا۔ اب مرتّب کی ذمہ داری یہ ہے کہ وہ مصنف کے املائی مختارات سے واقفیت رکھتا ہو، اور اگر مصنف کی اصل تحریر موجود ہو تو اس کی مدد سے املا کا تعین کرے۔ دونوں صورتوں میں ''مرتّب کو یہ اختیار حاصل ہوگا کہ وہ دو یا دو سے زیادہ شکلوں میں سے کسی ایک صورت کو مرجّح قرار دے کر، پورے متن میں اسی کی پابندی کرے اور حواشی میں وجوہِ ترجیح کی وضاحت کرے۔''

اس اصول کی روشنی میں کلیات میں دوچار سے بھی زیادہ ایسے مقامات آئے ہیں جہاں مرتّب نے املائی یک رنگی کے اصول کی پابندی کو اپنا شعار نہیں بنایا۔ یہ بات تسلیم کرنے کا جی نہیں چاہتا کہ مرتّب کو املا کے ان مبادیات کا علم نہیں ہوگا، کیوں کہ بہت سارے مقامات پر انہوں نے اس کی پابندی اور رعایت کو لازم قرار دیا ہے۔ میری نظر میں سارا مسئلہ یہ ہے کہ اصل متن اور اشاعت کے درمیان مرتّب کے علاوہ بعض دیگر افراد (مثلاً ٹائپسٹ اور پروف ریڈر) کو بھی اپنے ہنر اور کمالات دکھانے کا موقع مل جاتا ہے، ان کا قلم اور ذہن بھی درمیان میں حائل ہوجاتا ہے۔ اگر ایسا نہ ہوا ہوتا تو شاید املائی نیرنگی اور ہزار شیوگی کی یہ صورت پیدا نہ ہوتی۔ میں بہ طورِ مثال چند مقامات کا ذکر کرنا مناسب خیال کرتا ہوں تاکہ صورتِ حال پوری طرح سے واضح ہوجائے۔

اضافت کا اصول یہ ہے کہ اگر لفظِ مضاف کے اخیر میں الف، واو، ی، یا ے ہوگی تو کسی بھی

صورت میں اضافت کے لیے ہمزہ نہیں آئے گا۔ اضافت کے لئے ہمزہ صرف ایک صورت میں آتا ہے جب کہ لفظ کے آخر میں ہائے مختفی ہو جیسے نامۂ شوق، جلوۂ مجاز وغیرہ۔ باقی صورتوں میں یائے مجہول کا اضافہ کرکے، اور یٓ ہونے کی صورت میں زیر لگا کر اضافت کے عمل کو انجام دیا جاتا ہے، اور یہ بہت معروف صورت ہے، مثلاً بوئے گل، ابتدائے عشق اور رعنائیِ خیال وغیرہ۔ اگر املانامہ، شایع کردہ قومی اردو کونسل برائے فروغِ اردو زبان کے اصول کو پیشِ نظر رکھا جائے تو اضافت ئےٓ سے ظاہر کرنی چاہیے۔

(اردوئے معلیٰ، صدائے دل، نوائے ادب)

کلیات میں اضافت کے ان دونوں اصولوں کو یکساں طور پر برتا گیا ہے، یعنی بعض مقامات پر اضافت کو ئےٓ سے ظاہر کیا گیا ہے مثلاً:

ع تھوڑی سی بوئے ترکِ رفاقت ہی لے چلیں ص۱۰۹

ع کنجِ ہستی ہو کہ صحرائے عدم ص۱۱۰

ع دریائے جاں کھنگالتے گوہر نکالتے ص۱۱۴

ع کہ تم صبا تھے تو بوئے پریدہ میں بھی تھا ص۱۴۲

ع قضا کو لکھنا ہے تاریخ کربلائے حیات ص۱۵۵

ع تو اب اسے بھی، شوخیِ پائے خرام لکھ ص۳۳۱

ع اب آبروئے شیوۂ اہلِ نظر گئی ص۳۸۱

ع اپنی ہی سمت روئے سخن چاہیے ہمیں ص۴۳۰

یہ محض چند مثالیں اثباتِ مدعا کی غرض سے پیش کی گئی ہیں، پورے کلیات کا احاطہ کرنا مقصود نہیں ہے۔

اس روش کے برخلاف بعض مقامات ایسے ہیں جہاں صرف یائے مجہول کے اضافے سے اضافت کے عمل کو انجام دیا گیا ہے، محض چند مثالیں اس کی وضاحت کے لیے کافی ہوں گی، مثلاً:

ع آب و ہوائے شہر جنوں خیز تھی بہت ص۱۸۱

ع انفاس کے دھوئیں سے ہے بوجھل فضائے جسم ص۳۶۵

ع نغموں کا رس، گلوے فغاں میں اتر گیا ص۳۶۶

ع کیوں سب کے سر کا بوجھ ہو، سودائے خیر و شر ص۳۶۸

ع وہ میرے ساتھ فقط ابتدائے شب میں رہا ص۴۰۱

چند الفاظ کی اضافت دونوں طرح سے روا رکھی گئی ہے، محض ایک مثال پیش کی جاتی ہے:

ع غزل کو تکمۂ بندِ قبائے یار کرو ص۲۰۴

یہی ترکیب کچھ اس انداز سے بھی لکھی گئی ہے:

ع معاملہ، جو قبائے سخن وری کا ہے ص۳۹۴

ع سجا کے جسم پہ نکلو، قبائے زخم فضا ص۳۹۴

گویا اضافت کے سلسلے میں ایک عجیب انتشار کی صورتِ حال سامنے آتی ہے، کہیں کسی اصول کی رعایت کی گئی ہے، اور کہیں دوسرے اصول کی، اور بعض مقامات پر دونوں اصولوں کی پیروی نظر آتی ہے۔ حالاں کہ یہاں مرتّب کو یہ اختیار حاصل تھا کہ خواہ وہ ''ئے'' کے ساتھ اضافت کو روا رکھتے، خواہ یائے مجہول کے ساتھ؛ لازم تھا کہ ان دونوں صورتوں میں سے کسی ایک صورت کو مرجّح قرار دیتے، اور ترجیح دیتے وقت مصنف کے مسوّدات کی روشنی میں روشِ املا کا تعین کرتے؛ لیکن ضابطے کی پابندی پورے کلیات میں سختی کے ساتھ کرنا چاہیے تھی۔

صحیح لفظ 'چہرہ' ہے۔ اگر قافیے کی مجبوری نہ ہو تو ہر جگہ اس لفظ کو ہائے مختفی سے لکھا جائے گا۔ جہاں کہیں بھی قافیے کی ضرورت رہی ہے، مرتّب نے بہت ہی احتیاط پسندی کا نمونہ پیش کرتے ہوئے بیش تر مقامات پر اس اصول کی سختی سے پابندی کی ہے، مثال کے طور پر:

ع دیکھوں جدھر بھی اپنا ہی چہرا دکھائی دے ص۱۶۵

ع دیوار اٹھا رہا ہوں کہ سایا دکھائی دے ص۱۶۵

ع دستِ صبا کو دیکھو تو تیشا دکھائی دے ص۱۶۶

یہ تمام الفاظ ''تماشا، تنہا، صحرا اور ڈوبا'' کے ساتھ قافیہ ہوئے ہیں، اور یہ بالکل درست صورت ہے۔ قافیے کی اس احتیاط پسندی کا یہ واحد نمونہ نہیں ہے بلکہ پوری کتاب میں اس اصول کو نہایت اہتمام سے برتا گیا ہے؛ حالاں کہ کہیں کہیں نظر چوک بھی گئی ہے۔ میں اسے قلم کی لغزش نہیں کہوں گا، کیوں کہ یہ اصول مرتّب کے ذہن میں بہت صاف اور واضح ہیں، ہاں زیادہ سے زیادہ یہی کہا جا سکتا ہے کہ بشریت نے اپنا کرشمہ دکھلایا ہے، جیسے مذکورہ بالا غزل میں ہی ایک مصرع یوں لکھ دیا گیا ہے:

ع ہو سنگ بھی تو صورتِ شیشہ دکھائی دے

لازمی طور سے 'شیشہ' کو 'شیشا' لکھا جانا چاہیے تھا۔

ابھی ذکر کیا گیا کہ اگر قافیے کی مجبوری نہ ہو تو ہائے مختفی سے لکھے جانے والے الفاظ اپنی اصل صورت میں لکھے جائیں گے لیکن ایک غزل ایسی بھی موجود ہے جس میں قافیے کی کوئی مجبوری حائل نہیں تھی

پھر بھی مرتّب نے اس غزل میں 'چہرہ' کے لفظ کو 'چہرا' کیا ہے۔ بہ ظاہر اس کی کوئی توجیہ سمجھ میں نہیں آتی۔ اس غزل کی ردیف ہے ''وہ گیسو اور وہ چہرا'' (ص۱۶۲) میری دانست میں یہاں پر 'چہرا' لفظ درست نہیں ہے، لازمی طور سے 'چہرہ' لکھا جانا چاہیے تھا، یوں بھی کہ یہاں پر قافیے کی ایسی کوئی مجبوری نہیں۔ اسی طرح ص ۶۵۷ پر ایک مصرع یوں نقل ہوا ہے:

ع چہرا ہے آئنے میں، کہ داغِ شکستِ رنگ؟

ظاہر ہے یہاں بھی قافیے کی کوئی مجبوری نہیں، اس لئے یہ لفظ ہائے مختفی کے ساتھ ہونا چاہیے۔

رشید حسن خاں نے اردو املا میں یہ اصول لکھا ہے کہ ''یہ بات خاص طور پر ذہن نشین رہنا چاہیے کہ اضافت کی صورت میں تو ایسے لفظوں میں ہائے مختفی پر ہمزہ آئے گا (جیسے تشنۂ کربلا) مگر عطف کی صورت میں مختفی ہ پر ہمزہ ہرگز نہیں لکھا جائے گا بل کہ لفظ کے بعد، قاعدے کے مطابق، عطف کا واو آئے گا، جیسے: تشنہ و گرسنہ، جلوہ و پردہ...... چوں کہ عطف کا واو یہاں پر موجود ہوتا ہے، (جو بہ یک وقت حرفِ علت بھی ہے اور علامتِ عطف بھی) اس لئے اس سے پہلے یا اس کے ساتھ کسی اور علامت کی ضرورت نہیں۔ اس طرح مثلاً ''افسانۂ وافسوں'' لکھنا غلط ہوگا'' (ص۳۸۹)

مرتّب نے بیش تر مقامات پر اس اصول کی پابندی تو کی ہے لیکن بعض مقامات پر اس اصول کی پیروی نہیں ہو سکی ہے، محض چند مثالیں:

ع مرے خوش شیوۂ و خوش کام لوگو! ص۹۵

ع کب تک رہیں گے شیشۂ وگل کے نیازمند ص۱۱۴

ع خرمنِ لالۂ وگل ہے مرا بے رنگ وجود ص۱۶۱

ص۱۱۵ پر ایک شعر درج ہے:

کیا نقص ہم میں شہر کے آذر نکالتے حرفوں کے ہیں بنے ہوئے ہم اے صنم کدو!

حضرت ابراہیمؑ کے والد کا نام آزر تھا (زے سے)۔ بعض لوگ یہ نام آذر (ذال سے) لکھتے ہیں جو قطعاً غلط ہے۔ آذر ایک دوسرا لفظ ہے جس کے معنی ہیں آگ، یہ موسمِ خزاں کے ایک مہینے کا نام بھی ہے۔ اسی سے آذر کدہ اور آذر فشاں الفاظ بنے ہیں جس کے معنی ہیں آتش کدہ اور آتش فشاں۔ ایک اور مقام پر بھی یہ لفظ غلط املا کے ساتھ استعمال ہوا ہے:

ع تیشہ بردوش آذروں کی طرح ص۱۸۶

اس وضاحت کی روشنی میں دونوں مقامات پر صحیح لفظ 'آزر' ہونا چاہیے، صنم اور صنم کدے کی

مناسبت سے آزرہی آئے گا۔ص ۲۰۴ پر یہ لفظ اپنی صحیح املا کے ساتھ استعمال ہوا ہے:

ع خود کو تراشتا ہوں کہ آزر دکھائی دوں

''گزرنا'' اور اس قبیل کے بہت سارے لفظوں میں خلطِ مبحث پایا جاتا ہے۔''گزرنا اور گزارنا اگر چہ گذشتن سے ہیں لیکن تہنید اور تارید کے عمل سے گزر کر اردو کے مصدر بن چکے ہیں، اس لئے ان کی تمام تصریفی شکلیں زٓ سے لکھی جانی چاہییں'' (املا نامہ،ص ۶۰) اس شرط کے ساتھ اگر لفظِ مذکور فارسی ترکیب کے ساتھ استعمال ہوا ہے تو ذال سے لکھا جائے گا، ورنہ زے سے، مثلاً ص ۲۱۷ پر ایک مصرع یوں درج ہوا ہے:

ع اس کھیل میں عمرِ گذراں ہار گئے ہیں

یہ بالکل صحیح لکھا گیا، لیکن بعض ایسے الفاظ جو ایک خاص عمل سے گزر کر اردو کے الفاظ بن گئے ہیں، ان میں یہ املا درست نہیں مانا جائے گا، چند مثالیں کافی ہوں گی۔

ع مجھ کو ٹھکرا کے گذرنے والو! ص ۲۱۸

ع اچھے اچھے آنکھ بچا کر پاس سے گذرے، ناحق ہم ص ۲۲۴

ع اپنے دل کا دریچہ کھولے، اس کی گلی سے گذرو تو ص ۲۳۵

ع نازک سی اس صنفِ سخن پر کیا کچھ گذری یہ مت پوچھو ص ۲۴۵

جب کہ بیش تر مقامات پر اسی قبیل کے لفظوں کو اس کی درست شکل میں لکھا گیا ہے:

ع لیکن کبھی ترے لب ورخ تک گزر بھی ہو ص ۲۴۶

ع کیا جانے کس باغ سے گزرا تیرے پیار کا جھونکا ص ۲۵۲

ع اہلِ نظر کو جاگتے، صدیاں گزر گئیں ص ۲۸۷

ع گزر گیا، یہ سمندر پہ سانحہ کیسا ص ۳۰۶

ان مثالوں سے یہ بات واضح ہوتی ہے کہ املا کی نیرنگیوں کو ختم کرنے میں مرتّب نے سنجیدگی کا ثبوت نہیں دیا، حالاں کہ بعض نازک اور پیچیدہ مسئلوں کو انہوں نے بہت خوبی، دانش مندی اور احتیاط کے ساتھ حل کیا ہے لیکن بعض سرسری اور سامنے کی باتوں پر انھوں نے توجہ نہیں دی، یا یہ بھی کہہ سکتے ہیں کہ نظر چوک گئی۔

ایک اور لفظ ہے ''آئینہ''۔ فضؔا صاحب کے کلام میں بعض الفاظ کی تکرار نظر آئے گی، مرتّب نے اپنے مقدّمے میں اس کی جانب اشارہ کیا ہے۔ یہ لفظ بھی ان کے کلام میں کثرت سے استعمال ہوا ہے، دراصل یہ محض ایک لفظ نہیں بلکہ ایک علامت کے طور پر ان کی شاعری میں معنی کے نئے جہات روشن کرتا ہے۔ بہ ہر حال جس کثرت سے یہ لفظ استعمال ہوا ہے، املا کے سلسلے میں بھی اتنی ہی نیرنگی کا شکار رہا ہے۔ میں یہاں

رشید حسن خاں کا ایک اقتباس پیش کرتا ہوں تا کہ اس لفظ کے بارے میں صحیح صورتِ حال سامنے آجائے۔

''اصل لفظ ''آئینہ'' ہے۔ ہندستانی فارسی اور کلاسکی فارسی میں اس لفظ کو اسی طرح لکھا جاتا رہا ہے (ہمزہ ماقبلِ ی)...اس میں جب تخفیف کا عمل کارفرما ہوگا، تو معمول کے مطابق یؔ ساقط ہو جائے گی، جو ساکن ہے۔ اس طرح ''آئینہ'' کا مخفف ''آئنہ'' ہوگا۔ (جدید فارسی میں ''آیینہ'' ہے (فرہنگِ فارسی) ظاہر ہے کہ اس کا مخفف ''آینہ'' ہوگا (فرہنگِ فارسی)

اس ضمن میں یہ بات ذہن میں رہنی چاہیے کہ جب یہ لفظ اپنی مخفف صورت میں استعمال ہوگا تو شعر کے وزن کو بھی متاثر کرے گا۔ مذکورہ کلیات میں یہ لفظ بھی دو سے زیادہ شکلوں میں استعمال ہوا ہے، چند مثالیں دیکھئے:

ع نہ میں جو آئنہ بنتا، بھٹکتا عکس ترا ص۱۲۴

ع پتھر تک آئنے کی خبر کون لے گیا ص۱۴۳

ع یہ آئنہ مرے ہاتھوں میں گل رخوں نے دیا ص۱۴۷

اب دوسری شکل کی بھی کچھ مثالیں ملاحظہ فرمایئے:

ع میں سنگ نہ آینہ، تو کیا شکوہ کہ اس نے ص۶۶۲

ع یہ آینہ بھی، مگر، خوش قیاس، کیسا ہے ص۷۱۷

ع عکس چھوڑ آئے تھے، آینہ اٹھالائے تھے ص۷۵۱

ع ہم نے کس آینہ خانے میں سجایا ہے اسے؟ ص۸۲۶

اس سلسلے میں ہونا یہ چاہیے تھا کہ مرتّب اس لفظ کی مخفف صورتوں میں سے کسی ایک روش کو اختیار کرتے اور سارے کلیات میں اسی روش کی پابندی کرتے۔ اس عمل میں فضاؔ صاحب کے مسوّدات سے بھی استفادہ کیا جانا چاہیے اور اصولِ تدوین بھی پیشِ نظر رہنا چاہئیں۔

ایک اور لفظ ہے ''ڈھونڈھنا'' اس کی بھی دو شکلیں ملتی ہیں: ڈھونڈھنا اور ڈھونڈنا؛ بیش تر مقامات پر 'ڈھونڈھنا' کا لفظ ہی استعمال ہوا ہے لیکن 'ڈھونڈنا' بھی مستعمل رہا ہے، صرف دو مثالیں:

ع دیر تک مجھے ڈھونڈا اجنبی سوالوں نے ص۱۷۸

ع لفظ لفظ ڈھونڈا تو مجھ کو پڑھنے والوں نے ص۱۷۹

اس کے علاوہ ص ۷۵۹ پر پوری غزل کی ردیف 'ڈھونڈنا' ہے، اور ہر جگہ اس لفظ کو ایک ھؔ سے لکھا گیا ہے۔

اعراب نگاری اور توقیف نگاری تدوین کے اجزا تو نہیں ہیں، لیکن ایک قسم کا اضافہ ضرور ہیں، ایسا اضافہ جس کی اہمیت اور افادیت مسلّم ہے۔ کوئی بھی متن اسی لئے لکھا جاتا ہے کہ وہ پڑھا جائے، اور جب پڑھا جائے گا تو بعض الفاظ کے تلفظ میں شبہات پیدا ہوں گے اور نئی قسم کی دشواریاں سامنے آئیں گی، اور بعض صورتوں میں غلطیاں بھی سرزد ہوں گی۔ انہی غلطیوں کو کم کرنے کے لئے، اور متن کو صحت کے ساتھ پڑھنے کے لئے اعراب نگاری اور توقیف نگاری کی ضرورت محسوس ہوتی ہے۔ اعراب کی اَور علامتوں سے قطعِ نظر تشدید ایک اہم اور لازمی علامت ہے۔ وہ یوں کہ تشدید اس امر کو یقینی بناتی ہے کہ مذکورہ حرف دو بار پڑھا جائے گا، یعنی یہ علامت (یعنی تشدید) ایک حرف کی قائم مقامی کرتی ہے۔ عبارت میں اس کی اہمیت سے انکار نہیں کیا جا سکتا، لیکن شعر میں تو تشدید کے ساتھ وزنِ شعر کا مسئلہ بھی جڑا ہوا ہے، مثال کے طور پر اگر لفظ 'رکھوں' شعر میں ذکر ہوا ہے تو اس کا وزن فَعَل ہوگا اور اگر اس پر تشدید آئے گی تو اس کا وزن فَعْلُن متعین کیا جائے گا۔ اس اصول کی روشنی میں کلیات کے اندر علامتِ تشدید کا اہتمام تو کیا گیا ہے لیکن پابندی نہیں؛ چند ایسی مثالیں جہاں مرتّب نے تشدید نگاری کا اہتمام کیا ہے:

ع کوئی اب سوچے کہ لکھّے آخر ص۲۹۲

ع سب نے آشوبِ نوا کا، مجھے مجرم لکھّا ص۲۹۳

ع پرانی قدروں کو، اب کس حساب میں رکھّوں ص۲۹۶

ان مثالوں سے یہ وضاحت کرنا مقصود ہے کہ مرتّب کی نظر میں تشدید ایک اہم جز کی حیثیت رکھتا ہے، وہ اس کے قائل ہیں؛ لیکن اس کے اہتمام میں پابندی کا فقدان ہے۔ حالاں کہ جب معاملہ شعر سے متعلق ہو تو ایسی صورت میں مشدّد حرفوں اور لفظوں کو لازماً تشدید کے ساتھ لکھا جانا چاہیے۔ میں چند ایسی مثالیں پیش کرتا ہوں، جہاں تشدید کی عدم موجودگی وزنِ شعر کو متاثر کر رہی ہے:

ع ہم کو تھی نفع کی امید سو گھر سے بھی گیا ص۶۴

ع سحر کو شعلۂ نم خوردہ ہو کے اُٹھے ہم ص۶۷

ع جو فاصلہ ہے اسے بھی نگاہ میں رکھو ص۲۰۶

اس کے علاوہ ص ۲۹۸، ص ۶۶۲، ص ۶۷۱ اور ص ۶۸۸ پر مرقوم پوری غزل میں تشدید کی علامت لگائی جانی چاہیے تھی۔ یہ بات واضح کر دی جائے کہ مثالیں محض اثباتِ مدّعا کے لئے پیش کی گئی ہیں، سارے مقامات کا احصا نہیں کیا گیا ہے۔

علامتِ تشدید کے علاوہ اضافت کے زیر کی بھی خاص اہمیت ہوتی ہے، خاص طور سے جب

معاملہ شعر کی قرأت کا ہو۔ میں یہ تو نہیں کہہ سکتا کہ کلیات میں اضافت کے زیر کم لگائے گئے ہیں، لیکن یہ ضرور ثابت کیا جاسکتا ہے کہ اس طرف سے بھی بے توجہی برتی گئی ہے، ابتدائی چند صفحات سے چند مثالیں:

ع اک ذرا حسن سلیقہ کی کمی تھی ورنہ یوں ص۷۲

ع تجھ سے منسوب ہوں میں لغزش آدم کی طرح ص۹۲

ع خود کو چھپاتے شیشہ گران یقیں کہاں ص۱۰۶

ع ناموس پیرہن کے لئے کچھ تو چاہیے ص۱۰۹

اسی طرح مذکورہ کلیات میں خطابیہ علامت (!) کو بھی استعمال کرنے میں تکلف سے کام لیا گیا ہے، میں نے ابتدائی سو صفحات کا جائزہ لیا تو یہ صورتِ حال سامنے آئی کہ ایسی چودہ غزلیں ہیں، جہاں مقطعے کے اندر اس علامت کو لگایا جانا چاہیے تھا، لیکن ایک جگہ پر بھی یہ علامت لگانے کی زحمت نہیں اٹھائی گئی۔ حالاں کہ یہ بات اپنی جگہ درست ہے کہ آئندہ صفحات میں اس کے اہتمام کی کوشش کی گئی ہے، کم ہی سہی۔

تدوین کے ان ضروری اجزا کی طرف ذہن اس وجہ سے بھی جاتا ہے کہ فضاؔ صاحب کی شاعری اور ان کی لفظیات ایک اوسط قاری کی بساط سے باہر ہوتی ہیں۔ فضاؔ کے الفاظ وتراکیب فارسی زدہ ہونے کی وجہ سے غالبؔ کے اسلوب کی یاد دلاتے ہیں، اس میں مرکبات فارسی طرز پر استعمال ہوئے ہیں، اس لیے بھی اس کی قرأت اور اس کا معنوی نظام معاون اور معروف علامتوں کا محتاج نظر آتا ہے۔ ایسی صورت میں مرتّب کی ذمے داری میں اضافہ ہو جاتا ہے، یوں کہ اس کلیات پر ہر کسی کا حق ہے، بڑے بڑے اسکالروں کا بھی اور محض فضاؔ صاحب کی شاعری سے دل چسپی رکھنے والے ان کے قدردانوں کا بھی، جس میں ہر سطح کے لوگ شامل ہوسکتے ہیں۔ پھر ایک بات اور بھی ہے کہ مرتّب نے مقدّمے میں اس امر کا اعتراف کیا ہے کہ ''شاعر نے تشکیل متن میں رموز اوقاف پر خصوصی توجہ دی ہے جسے اس ترتیب میں بھی باقی رکھنے کی سعی بلیغ کی گئی ہے۔ ہاں املا میں چند مقامات پر ترمیم کی ضرورت محسوس ہوئی۔'' ایسی صورت میں اب یہ بات مرتّب کے فرضِ منصبی میں شامل تھی کہ وہ ان علامتوں اور رموزِ اوقاف کا بہت پابندی سے اہتمام کرتے، اور جن مقامات پر ان کی ضرورت تھی، اس کا حق ادا کر دیتے۔ رموزِ اوقاف کو فضاؔ صاحب نے جس قدر اہتمام سے برتا تھا، اس روایت کے حسن میں چار چاند لگانے کی ذمہ داری مرتّب کی تھی۔

کلیات میں مزید ایک تشنگی کا احساس ہوتا ہے۔ پہلی بار جب یہ مجموعے شایع ہوئے تھے تو جہاں تک میری یادداشت ساتھ دے رہی ہے، ان میں مختلف اربابِ قلم کی تقریظیں اور کلمات شامل تھے، مرتّب نے اُن کا کوئی ذکر نہیں کیا اور نہ ہی انہیں کتاب میں شایع کیا۔ اس سلسلے میں مناسب بات یہ ہوتی کہ مرتّب

ایک ضمیمے کے طور پر ہی سہی، ان تحریروں کو شاملِ اشاعت کر دیتے یا اپنی صواب دید کے مطابق اس کی کوئی اور صورت نکالتے کہ وہ تحریریں بھی فضاؔ کی شاعری کا مطالعہ کرتے وقت قارئین کی رہنمائی کر سکتیں۔

ان اصولی باتوں کے علاوہ بعض مقامات ایسے بھی ہیں جہاں نظر رکتی ہے۔ اس کے اسباب مختلف ہیں، کہیں پروف کی غلطی ہے، کہیں وزنِ شعر مجروح ہوا ہے، کہیں کچھ حروف اور لفظ چھوٹ گئے ہیں، اور ایسے ہی کچھ مزید اسباب۔ میں چند مثالیں پیش کر رہا ہوں:

ع	ہر لحجہ تھا قرب سے اس کے سرِ چراغاں پچھلی رات	ص ۱۶۳
ع	نشاطِ علم و یقین ہے نہ جوشِ فکر و عمل	ص ۲۳۶
ع	نہ روک، جو دشتِ سراب میں رکھوں	ص ۲۹۹
ع	وہ جانِ جاں سہی، آخر کہاں چھپاُ سے	ص ۳۲۲
ع	نظر اٹھاؤں، تو چہرہ بہ چہرہ اُسے	ص ۳۲۳
ع	سیم و گہر، نہ تاج و کمر چاہیے ہمیں	ص ۳۴۸
ع	تیز آندھی میں، دریدہ بادباں میرا ہو	ص ۶۷۵
ع	یہ اور بات، کہ دستِ قلم کا ہوں سفری	ص ۶۷۷
ع	رہائی پانو، جو زنجیرِ نقشِ پا توڑوں	ص ۸۱۵

ان تمام فروگذاشتوں کے باوجود فضاؔ صاحب کے کلیات کا یہ پہلا حصہ اپنی اہمیت اور افادیت میں مسلّم ہے۔ ''خودنوشت'' کے عنوان سے فضاؔ صاحب کے حالات و کوائف کے تعلق سے مختلف تحریروں کو مرتّب نے جس طرز سے سجایا ہے، وہ حسنِ انتخاب اور حسنِ ترتیب کا بہترین اور مثالی نمونہ ہے۔ اس کے علاوہ فضاؔ کی غزلوں کا موازنہ مختلف مجلّات اور میگزینوں سے کر کے صحیح متن تک پہنچنے کی کوشش کی گئی ہے۔ یہ ایک صبر آزما اور تھکا دینے والا کام ہوتا ہے، لیکن مرتّب نے دیدہ ریزی اور جاں فشانی سے اس کام کو انجام تک پہنچایا ہے۔ موجودہ دور میں کتابوں کی افادیت میں اشاریہ سازی اور دیگر متعلقات اہم کردار ادا کرتے ہیں، اس ذمے داری کو بھی مرتّب نے کمالِ ہوشیاری سے نبھایا ہے۔ بہ ظاہر تو یہ کام بہت آسان معلوم ہوتا ہے لیکن ان سب کاموں میں مرتّب کے صبر و ضبط اور تحمل کی بے طرح آزمائش ہوتی ہے، اعصاب تھک جاتے ہیں اور حوصلہ جواب دینے لگتا ہے، تب جا کر کہیں قارئین کی دل چسپی اور آسانی کا سامان فراہم ہو پاتا ہے۔

پروفیسر گوپی چند نارنگ کی کتابوں میں (حسنِ معنوی سے قطعِ نظر) ایک خاص بات ہوتی ہے، وہ دور سے ہی اپنے حسنِ ظاہری کی وجہ سے پہچانی جاتی ہیں۔ کتاب کی ٹائپنگ، سیٹنگ، ٹائٹل، اس پر مختلف

رنگوں کی آمیزش، کاغذ، چھپائی......سب چیزیں مل کر ایک نگارخانہ بن جاتی ہیں۔ یہ کتاب بھی حسنِ ظاہری کی جملہ خوبیوں سے مرصّع اور مزیّن ہے۔ کتاب کی ظاہری صورت مرتّب کے حسنِ سلیقہ اور حسنِ ذوق کی غمّازی کرتی ہے۔اس کتاب پر نارنگی رنگ بہت واضح ہے،شاید ایسی ہی کتابوں کے لئے مہدی افادی نے ’’عروسِ جمیل درلباسِ حریر‘‘ کی ترکیب تخلیق کی تھی۔

اور اب ایک آخری بات......کلیات کے مطالعے سے یہ بات ثابت ہوتی ہے کہ تدوین کے بیش تر مبادیات اور اصولوں سے مرتّب بہ خوبی واقف ہیں، اور اس میں کوئی شبہہ نہیں ہے۔ داخلی طور سے کتاب کے بہت سارے مقامات اس کی غمّازی کرتے ہیں،بعض بہت پیچیدہ اور دقّت طلب مواقع پر مرتّب نے دیدہ ریزی اور قوتِ فیصلہ کا ثبوت فراہم کیا ہے، اس لئے یہ تسلیم کیا ہی نہیں جاسکتا کہ مرتّب اُن اصولوں سے آگاہ نہیں۔ یہ سارا خلفشار پیدا کیا ہوا ہے ٹائپنگ اور پروف ریڈنگ کا، اس میں مرتّب کی کم احتیاطی کو شامل کیا جاسکتا ہے۔اتنی محنت سے کئے گئے کام کو تدوین کے اعلا معیار پر فروکش نہ ہونے دینے میں مرتّب کو بھی اپنی ذمے داری لینی ہوگی۔اس تبصرے کا مقصد یہ بھی ہے کہ ترتیبِ متن کے مباحث کے علاوہ بقیہ کلیات کی تدوین اور اشاعت میں مرتّب اپنی ذمے داریوں کو محسوس کریں اور ناروا عجلت پسندی کو اپنے اوپر حاوی نہ ہونے دیں، جو آج کل ہماری زندگی کا جزوِ لاینفک بن گئی ہے، کیوں کہ تدوین کو عجلت پسندی اور ہزار شیوگی راس نہیں آتی۔

میں اختتامیے اور رہنما اصول کے طور پر رشید حسن خاں کا ایک اقتباس نقل کر کے اپنی بات مکمل کرتا ہوں۔

’’قاضی عبدالودود صاحب نے ایک بار مجھ سے کہا تھا کہ جو لوگ کسی متن کو مرتّب کرتے ہیں اور اُس کا مسوّدہ کسی دوسرے شخص سے لکھواتے ہیں، یا ٹائپ کراتے ہیں تو وہ تدوین کے ایک بنیادی اصول کی خلاف ورزی کرتے ہیں۔ یہ لازم ہے کہ مرتّب پورے متن کو اپنے قلم سے لکھے، تاکہ مشخّصاتِ متن (بہ شمولِ املائے الفاظ) برقرار رہ سکیں۔ میں نے اس قول کو گرہ میں باندھ لیا تھا اور اس پر پوری طرح عمل کرتا ہوں۔‘‘

• محمد علم اللہ

ٹیگور اور اقبال

ٹیگور اور اقبال دو ایسے فن کار ہیں جن سے برصغیر میں دور جدید کا آغاز ہوتا ہے۔ ان دونوں نے محض شاعری ہی نہیں کی بلکہ ان کا فکر و فلسفہ فن کے کئی جہات کا احاطہ کرتا ہے۔ شاید اسی بنا پر جہاں ایک طرف ٹیگور کو گرودیو کہا گیا تو اقبال کو بھی علامہ کے لقب سے ملقب کیا گیا، دونوں کے معنی کم و بیش ایک ہی ہیں یعنی بہت زیادہ جاننے والا، محترم استاد، عالم فاضل اور دانشور وغیرہ۔

دونوں کی اہمیت کو سمجھنے کے لئے بات کا آغاز ۱۹۲۰ء میں ای ایم فاسٹر (بیسویں صدی کے انتہائی اہم ناول نگار) کے اس اقتباس سے کرتے ہیں۔

"یہ ہمارے شہنشاہانہ طرز حکومت کا ایک کرشمہ ہے کہ اقبال جیسا شاعر، جس کا نام گزشتہ دس برسوں سے اُس کے وطن ہندوستان میں بچے بچے کی زبان پر ہے، اُس کے کلام کا ترجمہ اس طویل مدت کے بعد جا کر ہماری زبان میں ہو سکا۔ ہندوؤں میں جو مرتبہ ٹیگور کو حاصل ہے، وہی مسلمانوں میں اقبال کو ہے اور زیادہ صحیح طور پر ہے، اس لئے کہ ٹیگور کو بنگال سے باہر اُس وقت تک کسی نے نہیں پوچھا جب تک وہ یورپ جا کر نوبل پرائز نہ حاصل کر لائے۔ برخلاف اس کے اقبال کی شہرت یورپ کی اعانت سے بالکل مستثنیٰ ہے۔"

(یہ الفاظ ایڈورڈ مورگن فاسٹر (۱۸۷۹ء-۱۹۷۰ء) نے اے آر نکولسن کے ذریعہ کئے گئے انگریزی ترجمہ اسرار خودی پر تبصرہ کرتے ہوئے لکھے، جو دسمبر ۱۹۲۰ء کے ادبی جریدہ Athanacum میں شایع ہوا اور پھر بعد میں اسی کو رفعت حسین نے اپنی کتاب The Sword and Scepter میں شامل کیا۔ یہ اقتباس وہیں سے ماخوذ ہے جس کا اردو ترجمہ یہاں پیش کیا گیا ہے۔)

یہ تو ای ایم فاسٹر کا خیال ہے جو شاید اقبال سے بہت متاثر تھے، اس سے ٹیگور کی اہمیت کم نہیں ہو جاتی یا صرف ان کے کہنے کی وجہ سے اقبال کی اہمیت بڑھ نہیں جاتی، بلکہ اس اقتباس کو پیش کر کے ہمارا مقصد صرف یہ واضح

کرنا ہے کہ مشرق کے دوعبقری شخصیات کو مغرب کس زاویہ نگاہ سے دیکھتا ہے، ورنہ حقیقت تو یہ ہے کہ دونوں نے تمام ہندوستان کو حددرجہ متاثر کیا۔ دونوں نے ادب اور شاعری کے علاوہ سماجی، تعلیمی، اور سیاسی فکر کے شعبوں میں جو خدمات انجام دیئے ہیں ان کی قدر و قیمت بیش از اندازہ ہے۔ دونوں عمدہ انسانی صفات کا ایسا مظہر تھے جنھوں نے بعد کی نسلوں کے ذہنوں کو متاثر کیا اور ان کی صحیح سمتوں کی طرف رہنمائی کی، دونوں کا اہم کارنامہ یہ ہے کہ انہوں نے مشرق و مغرب، جدید اور قدیم، ملک میں جاری قومیت کی لہر اور بین الاقوامیت کے درمیان امتزاج پیدا کیا۔

چونکہ اصولاً دنیا کی کوئی بھی دو چیزیں ظاہراً یا باطناً یکساں نہیں ہوتیں، اگر ان میں کچھ قدریں مشترک ہوتی ہیں تو کچھ متضاد بھی، اس لئے ایسی دو چیزوں کا تقابلی مطالعہ اس نقطہ نظر سے کرنا بے سود بلکہ مضر ہے کہ انہیں ایک دوسرے کا مدمقابل ثابت کیا جائے۔ ڈبلیو اسمتھ نے اپنے ایک مضمون ''اسلام اور عیسائیت [موافقت اور عدم موافقت] میں اس نکتہ کو بہت خوبی کے ساتھ واضح کیا ہے اور یہ نتیجہ نکالا ہے کہ دو چیزوں کی ظاہری مشابہت سے دھوکہ نہیں کھانا چاہیئے بلکہ ان دونوں کو اپنی اپنی جگہ قائم بالذات مان کر مطالعہ کرنا چاہیئے۔ (تفصیل کے لئے ملاحظہ ہو''اسلام اور دور حاضر''، مرتبہ مشیر الحق، مکتبہ جامعہ لیمیٹیڈ)

یہی اصول ہمیں ٹیگور اور اقبال کا مطالعہ کرتے وقت بھی اپنے ذہن میں رکھنا چاہیئے۔ دونوں ہم عصر تھے دونوں کا ہتھیار ان کا قلم تھا، یہ بھی ایک حقیقت ہے کہ دونوں کے افکار و خیالات میں مطابقت کے ساتھ ساتھ اختلاف بھی ہے۔ اقبال بیسویں صدی کے شاعر، فلسفی اور حکیم الامت تھے۔ انہوں نے قوم مسلم کو ایک نیا انداز فکر دیا، ساتھ ہی بیداریِ نفس اور خودی کی شناخت کا وہ نظریہ دیا جس نے ضمیر کو زندہ کیا اور دلوں کو جھنجھوڑ کر رکھ دیا۔ علامہ اقبال ان احساسات کے نقیب تھے جنہیں اصطلاح کی زبان میں تکوینی اور باطنی آگاہی سے تعبیر کیا جاتا ہے، ایک ایسا احساس جس میں آدمی خود کو خدا کی معرفت کی خاطر گم کر دیتا ہے، فکر اقبال کے مطالعہ سے پتہ چلتا ہے کہ اقبال خدا کے تصور میں اگر ایک طرف بے خود ہونے کی کوشش کرتے ہیں تو دوسری طرف خودی کو اعتبار سے حاصل کرنا چاہتے ہیں۔

وہیں ٹیگور ایک دوسرے کینوس میں جلوہ گر نظر آتے ہیں۔ وہ شاعر، ناول نگار، افسانہ نگار، گیت کار، موسیقی ساز (میوزک کمپوزر)، مقالہ نویس، سیاستداں، ماہر تعلیم، فلسفی اور مصور کے علاوہ ایک اسٹیج اداکار کی حیثیت سے بھی اپنی پہچان رکھتے ہیں۔ انہوں نے ایک اچھے تاجر کی حیثیت سے بھی اپنی شناخت بنائی۔ انہوں نے اپنے بھائی کی طرح زمینی حقائق سے منھ موڑ لینا پسند نہیں کیا۔ بلکہ اکثر و بیشتر تو ایسا ہوا کہ وہ اپنی تلاش، جستجو اور جد و جہد میں کامیاب رہے اور اپنے تمام تر مقاصد کو پالیا۔ یہاں تک کہ کبیر کے ''انہد ڈھول'' جسے اس فن کا آخری شہہ پارہ تصور کیا جاتا تھا اس سے بھی آگے بڑھ گئے۔ انھوں نے غم، مایوسی، امید،

آنسو اور خوشی کے نغموں کو نہ صرف لکھنا جاری رکھا بلکہ ان ہی کی زبان میں ''انہوں نے جیسا سوچا ویسا ہی کیا، یعنی کلیوں کو پھول بنا دیا۔''

دونوں کے نظریات کو سمجھنے کے لئے یہاں پر میں دو نظموں کے ایک ایک ٹکڑے کو نقل کر رہا ہوں، اس سے دونوں کے فکر و فلسفہ کا اندازہ لگایا جا سکے گا۔ پہلا ٹکڑا علامہ اقبال کی نظم فلسفۂ غم سے ماخوذ ہے، جبکہ دوسرا ٹیگور کی نظم ''سرتھا کتا'' ہے۔ دونوں میں محبوب کی موت سے ہونے والے غم اور احساس کا ذکر کیا گیا ہے۔ ملاحظہ ہوں ''فلسفۂ غم'' سے اقبال کے یہ چند اشعار:

ایک بھی پتی اگر کم ہو تو وہ گل ہی نہیں
جو خزاں نادیدہ ہو بلبل، وہ بلبل ہی نہیں

آرزو کے خون سے رنگیں ہے دل کی داستاں
نغمۂ انسانیت کامل نہیں غیر از فغاں

غم جوانی کو جگا دیتا ہے لطفِ خواب سے
ساز یہ بیدار ہوتا ہے اسی مضراب سے

شام جس کی آشنائے نالۂ یا رب نہیں
جلوہ پیرا جس کی شب میں اشک کے کوکب نہیں

ہاتھ جس گل چیں کا ہے محفوظ نوکِ خار سے
عشق جس کا بے خبر ہے ہجر کے آزار سے

کلفتِ غم گرچہ اس کے روز و شب سے دور ہے
زندگی کا راز اس کی آنکھ سے مستور ہے

ہے ابد کے نسخۂ دیرینہ کی تمہید عشق
عقلِ انسانی ہے فانی، زندۂ جاوید عشق

عشق کے خورشید سے شامِ اجل شرمندہ ہے
عشق سوزِ زندگی ہے، تا ابد پائندہ ہے

اور اب ٹیگور کے چند اشعار کا ترجمہ ملاحظہ کریں جو انہوں نے اپنی جوان بیوی کی موت کے بعد لکھے، (پھر انہوں نے دوبارہ کبھی شادی نہیں کی) قارئین ٹیگور کو پڑھتے وقت ایک ذاتی تجربہ محسوس کریں گے کیوں کہ ٹیگور عام طور پر تجربہ کو بنیاد بنا کر بات کرتے ہیں اس لئے اس میں اس کا عکس صاف جھلکتا ہے:

''تم نے میری زندگی کو موت کی خوبصورت لذت سے آشنا کر دیا ہے۔ تم نے میرے قلب کو ابدی فراق کی روشنی سے معمور کر دیا ہے اور میرے خیالات کو آفتاب کی شعاعوں کی طرح رنگین اور روشن کر دیا ہے۔ زندگی کے افق کو ایسی عظمت بخشی ہے جس کا تصور بھی ممکن نہیں۔ اشکوں کی طرح شفاف آسمان پر جنت کے نشاں واضح نظر آ رہے ہیں۔ تم نے میری زندگی کو موت کی خوبصورت لذت سے آشنا کر دیا ہے۔

تم نے اپنی بانہوں میں میری زندگی اور موت قبول کر لی ہے۔ تم نے موت پر اپنی روح کا انکشاف کر کے موت کو دائمی کر دیا ہے۔ تم نے موت کو زندگی کا محبوب بنا دیا ہے۔ تم نے دروازے کھول دیئے ہیں اور ابدی پردہ داری کو ختم کر دیا ہے، تم زندگی اور موت کے بیچ میں خاموش کھڑی ہو۔

تم نے اپنی بانہوں میں میری زندگی اور موت قبول کرلی ہے۔" (سمارا صفحہ ۲۵۰)

ٹیگور کے نظریہ کی حقیقت یہ ہے کہ خدا اس کے لئے کوئی بیرونی قوت نہیں ہے۔ گیتا نجلی کی ایک نظم میں وہ محسوس کرتے ہیں کہ خدا اپنے تخلیقات کو شاعر کی آنکھوں سے دیکھنا چاہتا ہے۔ اور وہ شاعر کے کانوں سے ابدی نغموں کو سنتا ہے۔ ایسی منظر کشی ان کی شاعری میں بیشتر مقامات پر ملتی ہے۔ زندگی کی محدودیت کو تسلیم کر کے وہ روح کو اسی زندگی میں آزاد کرانے کی جستجو کرتے ہیں۔ وہ زندگی اور موت دونوں کی حقیقت کو دل سے تسلیم کرتے ہیں۔ حقیقت میں، ایک نظم میں، جو ۳۰ ر جولائی ۱۹۴۱ء کو لکھی گئی، وہ کہتے ہیں کہ انہوں نے اس میں قریب الوقوع موت کا سایہ دیکھا ہے۔ لیکن اس کے باوجود وہ خوف محسوس نہیں کرتے۔ وہ اس کو سلیقے سے لفظوں کا روپ دیتے ہیں۔ اس کے چند ہی ماہ بعد واقعی ان کا انتقال ہو جاتا ہے۔ ان کی نظم کا یہ حصہ ملاحظہ کیجئے:

"میں آج اپنی پیدائش والے دن میں کھویا ہوا ہوں۔ دوستو! میرے قریب آؤ، آؤ مجھے مَس کرو، مجھے اس دنیا کو آخری بار چھونے دو آخری بار چھونے دو، زندگی جو مجھے آخری بار دیتی ہے لینے دو، مجھے آخری آشیرواد دو، آج میری جھولی سب خالی ہے۔ جو کچھ مجھے دینا تھا، وہ سب کچھ میں نے دے دیا ہے۔ بدلہ میں جو بھی مجھے جو ملے گا، کچھ پیار، کچھ معافی، وہ سب میں اپنے ساتھ لے چلوں گا۔ جب اس کشتی پہ پاؤں رکھوں گا، جو لے چلے گی مجھے، سب لفظوں کے میلوں کے پار۔"

(سگی، آر (۲۰۰۶ء)، گرودیو رابندر ناتھ ٹیگور اے بایو گرافی، ڈائمنڈ کتب / اشاعت: 1 اکتوبر / ISBN978-81-89182-90-)

اقبال کے نزدیک زندگی اور موت دونوں اپنے اندر قوّتِ تسخیر رکھتی ہیں

ہے لحد اس قوّتِ آشفتہ کی شیرازہ بند ڈالتی ہے گردنِ گردوں میں جو اپنی کمند

آشکارا ہے یہ اپنی قوّتِ تسخیر سے گرچہ اک مٹی کے پیکر میں نہاں ہے زندگی

اقبال اور ٹیگور کے نظریات میں بھی واضح فرق ہے۔ اقبال کے افکار بنیادی طور پر منطقی ہیں۔ اقبال جرمن فلسفی نطشے کے فلسفہ سے بے حد متاثر ہیں۔ یہ بات اقبال کے کلام سے اس وقت ثابت ہوتی ہے جب وہ زندگی کے ابدی حقائق سے اختلاف کرتے نظر آتے ہیں۔

زمین و آسماں را بر مرادِ خویش می خواہد غبارِ راہ و با تقدیرِ یزداں داوری کردہ

(انسان زمین و آسماں کو اپنی مرضی کے مطابق کرنا چاہتا ہے۔ وہ اگرچہ غبارِ راہ ہے لیکن خدائی فیصلوں میں دخل اندازی کرنے چلا ہے)

اقبال ایک دوسرے ہی کردار کے حامل تھے۔ وہ کوئی صوفی سنت نہیں تھے۔ انہوں نے سوچ سمجھ کر ایک متنازعہ کردار کا انتخاب کیا۔ انھوں نے خوابیدہ مسلم قوم کو بیدار کرنے کی ٹھانی۔ انھوں نے دو معروف نظموں شکوہ اور جواب شکوہ میں خدا کے ساتھ مباحثہ کیا۔ مگر اس میں جو چیز قابل توجہ ہے وہ یہ ہے کہ انھوں نے روایت پر مبنی اسلامی فکر سے ہٹ کر ایک الگ نظریہ پیش کیا جس میں انھوں نے اس رول کو بھی نظرانداز کر دیا ہے جس میں اسلامی عقائد کو لے کر عجز پسندی کا رویہ اپنایا گیا ہے۔ اس چیز کو اگر گہرائی سے دیکھیں تو اس میں ایک سیاسی مشق یا تمرین بھی دکھائی دیتی ہے۔ اور خدا کے الفاظ میں اس بات کی وضاحت کی جاتی ہے کہ مسلم قوم کے مسائل کیا ہیں۔ اس میں وہ اللہ، قرآن، محمد صلی اللہ علیہ وسلم اور کعبہ کا ذکر کرتے ہوئے کہتے ہیں کہ مسلمان تو ان تمام چیزوں پر یقین رکھتے ہیں اس کے باوجود وہ بٹے ہوئے ہیں، پھر وہ انھیں غیرت دلاتے ہیں اور کہتے ہیں ع

کچھ بڑی بات تھی ہوتے جو مسلمان بھی ایک

ٹیگور بھی سیاست کی اثر اندازی سے نا آشنا نہیں تھے، اگرچہ وہ بنگال کے بٹوارے کے خلاف احتجاج اور سودیشی تحریک کے لئے فعال بھی رہے، پھر بھی وہ عملی سیاست سے کنارہ کش ہی رہے۔ انہیں محسوس ہوا کہ سیاسی قوتوں سے نمٹنا آسان نہیں ہے، اس لئے سیاست کو ہمیشہ کے لئے خیرباد کہہ دیا، تاہم صلح و مشاورت کے لئے ہمیشہ دروازے کھلے رکھے۔ ٹیگور کو یہ بات اچھی طرح معلوم تھی کہ سیاسی زندگی قومی زندگی کا محض ایک ادنیٰ سا حصہ ہے۔ اگر نظام معیشت اور دانشورانہ صلاحیتوں پر توجہ مرکوز نہ کی گئی تو یہ تمام تحریکیں اپنی موت آپ مر جائیں گی۔ ان کی پوری زندگی 'اپنا کام آپ کرو' کا مصداق نظر آتی ہے اور یوں وہ اپنے والد کی معیشت میں خود کو مصروف کرنے اور اولین فرصت میں ان تمام مسائل سے نجات کا راستہ تلاش کرنا شروع کر دیتے ہیں، وہ اپنے خیالات کو عملی شکل دینے کے لئے شانتی نکیتن کی بنیاد رکھتے ہیں اور کم و بیش اپنے مقصد میں کامیاب بھی نظر آتے ہیں جس کے نتیجہ کے طور پر وشو بھارتی یونیورسٹی کا قیام اور کم از کم ان کی زندگی میں اس ادارہ میں پوری دنیا سے طالبان علم کی اس علمی مرکز پر آمد اس کی حیثیت اور اہمیت کو واضح کرتی ہے۔

اس تناظر میں دوسری طرف اقبال فعال مسلم لیگی سیاست میں اہم کردار بن کر اُبھرے اور یہ بھی ایک حقیقت ہے کہ انھوں نے نظریۂ پاکستان کو پروان چڑھانے میں نمایاں رول ادا کیا۔ انھوں نے صرف ہندوستانی مسلمانوں کی ہی نہیں بلکہ اس زمانے میں جب عالم گیریت نے قدم بھی نہیں رکھے تھے، یہ فیصلہ کیا کہ وہ تمام مسلمانوں کی آواز بنیں۔

ٹیگور ایک عظیم کہانی کار، موسیقی نواز، مصور اور منتظم تھے۔ اقبال فلسفی شاعر اور کسی حد تک سیاست داں بھی تھے۔ لیکن دونوں کو ایک ہی زاویہ نگاہ سے دیکھا جاتا ہے۔ اگرچہ دونوں میں کافی تفاوت ہے۔ اس

میں کوئی شک نہیں کہ اقبال اقتدار یا بندش کے خلاف سرگرم عمل شخص تھے۔ وہ اس بات کی کوشش کرتے رہے کہ انسان بطور خاص مسلم نوجوان کی سوچ نئے سرے سے ان کی اپنی سوچ کے مطابق ہو جائے جبکہ ٹیگور کے یہاں ایسا کچھ نہیں پایا جاتا۔ وہ جانتے ہیں کہ یہ ایک ازلی وابدی شئے کا حصہ ہے جسے دوسرے لفظوں میں لابدی عنصر بھی کہا جاسکتا ہے۔ یہ چیز ذیل کے نمونہ کلام سے واضح ہوتی ہے۔ پہلا اقبال کا اور دوسرا ٹیگور کا ہے۔

اسے صبح ازل انکار کی جرات ہوئی کیونکر | مجھے معلوم کیا، وہ رازداں تیرا ہے یا میرا
محمدؐ بھی ترا جبریل بھی، قرآن بھی تیرا | مگر یہ حرفِ شیریں ترجماں تیرا ہے یا میرا

ٹیگور

میں جا رہا ہوں، غروب ہوتے آفتاب نے کہا
کوئی ہے جو میری ذمہ داریاں اپنے سر لے؟
سارے عالم پر خاموشی چھائی رہی
لیکن ایک زمینی چراغ نے جواب دیا
'میں ہوں نا، میں اپنی پوری کوشش کروں گا

انہوں نے ۱۹۴۰ء میں درج ذیل نظم لکھی اور اس کے ایک سال بعد ہی ۱۹۴۱ء میں ان کا انتقال ہو گیا۔

"ہر وہ شئے جس کی میں نے شدت سے آرزو کی میری دسترس سے چھوٹ گئی اور کہیں غائب ہو گئی۔ میں ایک آزاد اور ہر ضابطہ سے آزاد شعور محسوس کرتا ہوں۔ صبح صادق مجھ پر اُس کی اصل حقیقت واضح ہوتی ہے، وہ صاف ہے پر خالی نہیں، تب مجھے اُپنشد کے ماہر ایک پنڈت کی بات کا احساس ہوا کہ "اگر آسماں بھی خوشیوں سے خالی ہوتا تو جسم و جاں میں زندگی کا کوئی ہیجان باقی نہ رہتا۔"

(Celebrating Tagore By Rama D. Datta, Clinton B. Seely صفحہ نمبر 234)

دونوں کے اوپر ان کی زندگی اور موت کے بعد تنقیدیں کی گئیں۔ دونوں ہی عملاً اپنی زندگی میں ہی اپنے اپنے نظریات کے نمائندہ سمجھے جانے لگے۔ کچھ نوجوانوں نے ان کے خلاف بغاوت بھی کی ،نوجوانوں کی فطرت بھی یہ ہے کہ وہ ہر اس نظریہ سے بغاوت کریں جو ان کی نظر میں درست نہیں ہے۔ اس سلسلہ میں یہاں ٹیگور کا ایک خط نقل کرنا مناسب معلوم ہوتا ہے۔ اس سے بہت زیادہ نہ سہی لیکن بہر حال اس کا اندازہ ہو سکے گا کہ اُس وقت ان کے خلاف کیا کچھ کیا جا رہا تھا یا پھر ان کو بدنام کرنے والے کس طرح کا رویہ اپنا رہے تھے۔ واضح رہے کہ ڈاکٹر رابندر ناتھ ٹیگور نے یہ خط علی خان لمعہ حیدرآبادی کے نام لکھا گیا

تھا۔ایک عظیم شاعر کا ایک عظیم شاعر کے بارے میں یہ مکتوب بے حد اہم ہے۔اور چونکہ تنگ نظری سے ہٹ کر وسعت قلب کے ساتھ لکھا گیا تھا اس لئے ہر اقبال اور ٹیگور دوست کو عزیز رکھنا چاہئے۔ اصل خط انگریزی میں تھا اس کا ترجمہ پہلی بار نیرنگ خیال سالنامہ ۱۹۳۶ء میں شایع ہوا تھا۔ ملاحظہ ہو:

وشو بھارتی۔شانتی نکیتن ، بنگال

7 فروری 1933ء

محبی مسٹر خان

آپ کے خط اور نظم نے میرے دل پر خاص اثر کیا۔ یہ سن کر بڑی خوشی ہوئی کہ آپ میری اور اپنے شاعر اعظم سر محمد اقبال کی نظموں کے درمیان ایک خاص اندرونی تعلق پاتے ہیں، چونکہ میں اُس زبان سے نابلد ہوں جس میں وہ اپنا کلام فرماتے ہیں اس لئے میرے لئے ناممکن ہے کہ میں ان کی اپج کی گہرائی یا ان کی قدر و قیمت کا صحیح اندازہ لگا سکوں لیکن ان کی عالمگیر شہرت سے مجھے یقین ہوتا ہے کہ ان میں جاودانی علم و ادب کی عظمت ہے۔

بارہا اس چیز نے مجھے تکلیف پہنچائی ہے کہ نقادوں کی ایک جماعت میری اور سر محمد اقبال کی ادبی کوششوں کو ایک دوسرے کے مقابل رکھ کر غلط فہمیاں پھیلانے کی کوشش کرتی ہے یہ رویہ اس ادب کے متعلق بالکل غلط ہے جو انسانی دل و دماغ کے عالمگیر پہلو سے بحث کرتا ہے اور اس طرح تمام ملکوں اور زبانوں کے شعرا اور اہل فن کو ایک برادری میں منسلک کرنے کا سامان پیدا کرتا ہے۔

مجھے یقین ہے کہ سر محمد اقبال اور میں ادب میں صداقت اور حُسن کی خاطر کام کرنے والے دو دوست ہیں اور اُس جگہ یک جا ہو جاتے ہیں جہاں انسانی دماغ اپنا بہترین ہدیہ 'جاودانی انسان' کے حضور پیش کرتا ہے۔

خیر اندیش

رابندر ناتھ ٹیگور

(ص 440۔ 4 / اوراق گُم گشتہ (علامہ اقبال کے بارے میں غیر مدون تحریریں) / بار اول جنوری 1983 / مرتبہ: رحیم بخش شاہین ایم اے مرکزی مکتبہ اسلامی دہلی)

اس خط سے ایک تخلیق کار کے صرف کرب کا اظہار نہیں ہوتا بلکہ اس بات کا بھی علم ہوتا ہے کہ وہ اپنے ایک ہم عصر کو کس نگاہ سے دیکھتا ہے اور اس تناظر میں جب دیکھتے ہیں تو معلوم ہوتا ہے کہ بنیادی طور پر

علامہ اقبال کو دو وجوہ کی بنا پر تنقید کا نشانہ بنایا گیا۔ ان کی بابت اول یہ کہا جاتا ہے کہ وہ کیسے مسلم علیحدہ قومیت کے نظریہ کے بانی اور ہندوستان کے بٹوارے کی بات کرنے والے ہو سکتے ہیں جنھوں نے ایک زمانے میں 'سارے جہاں سے اچھا' جیسی نظم لکھی، اس بابت گفتگو کرتے ہوئے ڈاکٹر مشیر الحق مرحوم لکھتے ہیں۔

"جب اقبال کو اس بات کا یقین ہو گیا کہ سارا جہان مسلمانوں کا وطن نہیں بن سکتا تو انھوں نے الٰہ باد کے خطبہ میں کھل کر یہ بات کہہ دی کہ اسلامی تہذیب و روایات کو باقی رکھنے کے لئے جتنی سرزمین بھی مل سکے اس پر قناعت کر لینی چاہئے اور اسے ایک تجربہ گاہ کی حیثیت سے استعمال کر کے دوسروں کو سوچنے کا موقع فراہم کرنا چاہئے کہ کہیں اس نئی تجربہ گاہ سے فائدہ نہ اٹھا کر وہ خود اپنا نقصان تو نہیں کر رہے ہیں۔"

(ڈاکٹر مشیر الحق: اقبال ایک مسلم سیاسی مفکر، صفحہ 81.80۔ ناشر: مکتبہ جامعہ نئی دہلی، سن اشاعت 2012)

ایک جماعت نے ٹیگور پر تنقید کرتے ہوئے کہا کہ وہ تجربات کی بنیاد پر کمزور اقدار کی بات کرتے ہیں، وہیں ایک دوسری جماعت ان کے اوپر اس لئے تنقید کرتی ہے کہ ٹیگور اپنے اثر کی وجہ سے دوسروں کے لئے رکاوٹ بن رہے تھے، منصفانہ طور پر دیکھا جائے تو دونوں نظریئے اپنی جگہ پر درست ہیں۔ انھوں نے ایک نئی زبان کی تخلیق کی اور بول چال والی بنگالی زبان کو اس سے نکال کر ایک ادبی زبان کی حیثیت سے متعارف کرایا جو سنسکرت اور اس جیسی دوسری زنجیروں میں جکڑی ہوئی تھی۔ مگر ۱۹۳۰ء کے بعد بنگال میں نئے لکھنے والوں کی جماعت آئی اور انھوں نے ایک نئے فن پارہ اور ادب کی بات کہی۔ مہیت لال مجومدار نے ان تمام لوگوں کو مدعو کیا اور ایک راہ نکالنے کی کوشش کی جو زمینی حقائق سے قاری کے ذہن کو موڑنے کے ہتھکنڈے اپنا رہے تھے۔

جب نئے مقابل یا مدعی ان کی تحریر کو فرسودہ اور بے کار قرار دے رہے تھے، تب بھی ٹیگور نے اس کے رد عمل میں کسی قسم کی جھنجھلاہٹ یا بیزاری کا اظہار نہیں کیا بلکہ اپنے کام میں پوری دلجمعی سے جٹے رہے۔ اور بقول ان کے ان کا وجود اپنشد کے روحانی نظریہ سے متاثر تھا، جسے کچھ تو انھوں نے اپنے وجدان اور روژن سے حاصل کیا تھا اور جو کچھ انھیں موروثی طور پر ملا تھا انھوں نے اس کا اعتراف بھی کیا ہے۔ چنانچہ وہ کہتے ہیں۔

"وید، اپنشد اور گوتم کی تعلیمات سے میں روشنی پائی، میں نے ان خزانوں سے اپنی زندگی اور اپنی تعلیمات میں استفادہ کیا"

(تفصیل کے لئے ملاحظہ فرمائیں: شمیم طارق، ٹیگور شناسی، ناشر: ٹیگور ریسرچ اینڈ ٹرانسلیشن اسکیم، شعبہ اردو جامعہ ملیہ اسلامیہ نئی دہلی سن اشاعت ۲۰۱۳ء)

اس پر تبصرہ کرتے ہوئے شمیم طارق کہتے ہیں:

''لیکن ویدواپنشد سے عقیدت کے باوجود انہوں نے روایتی ہندوستان کے 'افسانوی دیوتاؤں' کو تسلیم نہیں کیا۔ وہ 'ادویت واد' پر کامل یقین رکھتے تھے جو قدیم ہندو فلسفہ کا بنیادی اصول تسلیم کیا گیا ہے۔ وہ اسی ایک خدا کو مانتے تھے جو کائنات کے ذرہ ذرہ میں موجود ہے۔''

وہ خدا جو آگ میں ہے پانی میں ہے

اور جو تمام دنیا پر چھایا ہوا ہے

میں اسی خدا کو پیہم سجدے کرتا ہوں

(سندھیا (شام) سنگیت/ بحوالہ: ٹیگور شناسی، صفحہ نمبر ۱۲۳)

ٹیگور خود کہتے ہیں۔

''مذہب کا لمس بھی اس ان دیکھے بے نام و نشان راستے سے مجھ تک پہنچتا ہے جس راستہ سے نظمیں لکھنے کی تحریک میرے پاس آئی ہے، میری مذہبی زندگی نے بھی اپنی نمو کے وہی پُر اسرار راستے اپنائے ہیں جن خطوط پر میری شاعرانہ زندگی چلتی ہے، ایک طرح سے یہ دونوں چیزیں ایک دوسرے سے لازم وملزوم ہیں اور اگر چہ ان دونوں کا ملاپ بہت پہلے ہو چکا مگر بہت دنوں تک یہ راز مجھ پر نہیں کھل سکا۔'' (رابندر ناتھ ٹیگور، از ہیرن مئے بنرجی۔ صفحہ نمبر ۱۱۸/۱۱۹)

ٹیگور اور اقبال میں فرق ہے تو بس یہ کہ ٹیگور نے ہندو ہونے کے باوجود کسی جماعت یا نصب العین کے حوالہ سے نہیں بلکہ صرف ہندوستانیت اور انسانیت کے حوالہ سے رنگ و نسل کی رنگارنگی میں وحدت کے جلوے دیکھے اور عقیدوں، رنگوں، نسلوں اور بولیوں کے باوجود ہندوستان کی دھرتی کی آغوش میں عہد بہ عہد سما جانے والے مختلف نسلی، لسانی و مذہبی گروہوں کو ہندوستانی تسلیم کیا ہے۔ وہیں اقبال ایک ملت یا جماعت کے حوالہ سے ایک کلی تصور حیات پیش کرتے ہیں، ایک طرف اگر وہ ترانۂ ہندی سے ہندوستانیوں کا دل جیتتے ہیں تو دوسری جانب نیا شوالہ پیش کر کے برادران وطن کے جذبات کی عکاسی کرتے ہیں۔ ان کی شاعری یا تحریروں میں ٹالسٹائی، شیکسپئر، ہیگل، گوئٹے برگساں، بائرن لینن، آنسٹائن کے علاوہ رام، گوتم، بدھ، شیو، بھرتری، ہری، شنکراچاریہ اور گرونانک وغیرہ کا ذکر بھی ملتا ہے، لیکن اس کے باوجود اقبال کو تنقید کا نشانہ بنایا جاتا ہے اور کہا جاتا ہے کہ اقبال تشدد پسند اور بنیاد پرست تھے جو ادب میں بھی ایک خاص فکر کو ملحوظ رکھتے تھے۔ اس بابت گفتگو کرتے ہوئے علی سردار جعفری کہتے ہیں۔

''ہمارے عہد کے شاعر، ادیب اور قومی رہنما اکثر مختلف قسم کی تاویلوں کے شکار

ہوتے رہتے ہیں، اس سے مہاتما گاندھی اور جواہر لال تک محفوظ نہیں ہیں۔ ۱۹۴۸ء-۱۹۴۹ء میں بنگال کے کمیونسٹ رہنما بھوانی سین نے اپنی انتہا پسندی میں ٹیگور کو رجعت پرست ثابت کر دیا تھا، اور ایک پورا گروہ اس پر ایمان لے آیا تھا، اسی طرح ہندوستان کے ایک گروہ نے سیاست کے نشے میں اقبال پر مسلم فرقہ پرستی کا الزام لگا کر انہیں قابل مذمت قرار دے دیا اور یہ بات پچیس سال تک مستند سمجھی جاتی رہی، اب اس کی تلافی کسی حد تک اندر کمار گجرال کی رہنمائی میں آل انڈیا ریڈیو نے کی ہے لیکن چند سال کے اندر اقبال کے جشن ولادت پر پورے ہندوستان کو اس نقصان کی تلافی کرنی چاہئے''۔ (علی سردار جعفری، اقبال شناسی، صفحہ نمبر ۲۲-۲۳ مکتبہ جامعہ نئی دہلی سن اشاعت ۲۰۱۱ء)

ان دو شخصیتوں کو گذرے ہوئے نصف سے بھی زیادہ صدی گذر چکی ہے، تو اب ہم انہیں کس نظر سے دیکھیں یا کس زاویہ سے ناپیں، دونوں نے انسان کی روحانی آزادی کے لئے کام کیا، دونوں کے سوچنے کا نظریہ الگ تھا، گرودیو جس قسم کی آزادی چاہ رہے تھے اور جیسی آزادی اقبال کو مقصود تھی دونوں میں کافی فرق تھا۔ ہوسکتا ہے کہ جیسا کہ کچھ لوگوں کا الزام ہے کہ وہ لوگ اپنے معاصرین اور ان کے زمانے کے کامیاب لوگوں کے درمیان حائل رہے ہوں، لیکن ہم نے گرودیو اور اقبال کا جو نظریہ تھا اسے پس پشت ڈال دیا تا کہ ہم اپنے طریقہ سے نظریہ کو لاگو کر سکیں۔

مگر اس کی وجہ سے ان دونوں کی اہمیت ختم نہیں ہو جاتی۔ اقبال کے نظریات سے ہندوستان میں بہت سے لوگ اتفاق نہیں رکھتے ہیں اور ایک بڑا اردو داں طبقہ بھی ان سے دوری اختیار کئے ہوئے ہے اور اسی طرح ٹیگور سے بھی لوگ بہت خوش نہیں تھے اور اب بھی نہیں ہیں، اہل بنگال جن کو ان کا شکر گزار ہونا چاہئے کہ انہوں نے ان سے منسوب ایک نئی زبان کو متعارف کرایا ان کے ساتھ بھی مسئلہ یہ ہے کہ وہ ایک جانب تو انہیں پوجتے تھے اور دوسری جانب رفتہ رفتہ انھیں بھول بھی گئے، مگر محض اہل بنگال پر ہی الزام کیوں عائد کیا جائے؟ گاندھی جی کو ہی دیکھ لیجئے کہ ان کے ساتھ کیا کیا گیا؟

یہی حال پاکستان میں اقبال اور فیض کے ساتھ روا ہے، ان کی سال گرہوں پر میٹنگیں ہوتی ہیں، ان کی غزلیں بھی گنگنائی جاتی ہیں، بہت سارے قوال ان کے کلام پر قبضہ جما کر ''خودی کو کر...... خودی کو کر......'' کی رٹ لگاتے ہیں مگر انہیں وہ مقام دینے کے لئے تیار نہیں ہیں جس کے وہ حقدار تھے، ہم نے گرودیو اور اقبال کا جو نظریہ تھا اسے پس پشت ڈال دیا تا کہ ہم اپنے طریقہ سے نظریہ کو لاگو کر سکیں۔

ہم نے ان کے ساتھ اس قسم کا رویہ اپنایا یہ ہماری بدنصیبی ہے۔ ان سب کے باوجود ہم اپنے روایتی راستوں پر چلتے ہوئے مطمئن ہیں یا اقبال کی زبان میں تقلید محض کرتے ہوئے کسی قسم کی جھجک محسوس

نہیں کرتے۔ حالانکہ یہ زندہ موت ہے جس سے خودکشی بہتر ہے کہ کم از کم اس میں ہوش وحواس قائم رکھتے ہوئے آدمی کوئی فیصلہ تو لیتا ہے۔ علامہ اقبال اور ٹیگور ہوش وحواس پر مبنی زندگی گذارتے تھے اور ویسا ہی رہنا چاہتے تھے اور اس ناگزیر حقیقت کو تسلیم کرتے تھے۔ دونوں ایک ایسا جہان آباد کرنا چاہتے تھے جہاں دلوں میں کوئی خوف ودہشت نہ ہو، ان کا ماننا تھا کہ انسانیت کے وجود کا راز احترام انسانیت میں مضمر ہے۔ ان کی عظمت عبارت تھی اس جذبہ سے جو ایک ایسے معاشرے کو وجود میں لانے کے لئے اپنی فکر ونظر کی پوری سچائی کے ساتھ مصروف عمل رہے جہاں خیر وشر کی جنگ میں خیر کی فتح ہو۔

لیکن ہم اسے یہ کہتے ہوئے درکنار کر دیتے ہیں کہ وہ ان کا نظریہ اور ان کی سوچ تھی لیکن ہمارے لئے قبول کے قابل نہیں ہے، ممکن ہے کہنے والے یہاں یہ کہیں کہ ہم ایسا نہیں کہتے، بلاشبہ ان کی بات باوزن ہو سکتی ہے لیکن ہمارا عمل تو ایسا ہی کہتا ہے، ہم نے انہیں بعد از مرگ دیوتا بنالیا جس کے سبب وہ انسان نہ رہے اور اس کا فائدہ یہ ہوا کہ امر ہو جانے سے ان پر ان کی نقل یا ان کے فکر وفلسفہ کو آگے بڑھانے کی کوئی ذمہ داری باقی نہیں رہتی۔ دوسرے لفظوں میں خود بھی سکون سے رہو اور ہمیں بھی چین سے رہنے دو۔ اے پاک روحو، اڑ جاؤ، چاہے جنت میں یا جہنم میں جاؤ، بس چلی جاؤ ہم سے دور۔ ساحر لدھیانوی نے ایسے ہی موقع کے لئے کہا تھا۔

یہ دنیا جہاں آدمی کچھ نہیں ہے — وفا کچھ نہیں، دوستی کچھ نہیں ہے
جہاں پیار کی قدر ہی کچھ نہیں ہے — جلا دو اسے پھونک ڈالو یہ دنیا
مرے سامنے سے ہٹا لو یہ دنیا — تمہاری ہے تم ہی سنبھالو یہ دنیا

نوٹ: ٹیگور کے دستیاب ترجموں کو اصل سے ملانے پر ان میں کافی فرق نظر آتا ہے، اس لئے مضمون میں شامل تمام اشعار کا ترجمہ راقم نے انگریزی زبان سے خود کیا ہے۔

● ایس ایم معین قریشی

اردو کی اہم غلطیاں

یہ ایک مسلمہ حقیقت ہے کہ قومیں اپنی زبانوں سے پہچانی جاتی ہیں اور وہ ان پر فخر کرتی ہیں۔ اس سلسلے میں ایک دلچسپ اور فکر انگیز خبر برادر اسلامی ملک ملائیشیا سے آئی ہے۔ وہاں کے وزیر ثقافت نے اعلان کیا ہے کہ جو شہری اپنی قومی زبان غلط بولے گا اس پر جرمانہ کیا جائے گا جو ایک ہزار رنگٹ (ملائیشیا کا سکہ) تک ہو سکتا ہے۔ ان احکام پر عمل درآمد کو یقینی بنانے کی غرض سے وزارتِ ثقافت نے ایسے خصوصی دستے تشکیل دئے ہیں جو ان شہریوں کو پکڑیں گے جو غلط زبان بولتے پائے گئے یا جو قومی زبان میں دوسری زبانوں کی ملاوٹ کے مرتکب ہوئے۔ اس خبر کے تناظر میں ذرا اپنی مظلوم قومی زبان کا جائزہ لیجیے۔ اب وہ زمانہ نہیں کہ ہم میر تقی میر کی طرح اپنی صحت سے زیادہ زبان کی صحت کا خیال رکھیں۔ میر صاحب کو دلّی سے لکھنؤ کا سفر درپیش ہوا تو گاڑی کا کرایہ پاس نہ تھا۔ ایک شخص نے انہیں شریکِ سفر کر لیا۔ تھوڑی دیر بعد اس نے (غلط زبان میں) کوئی بات کی۔ حضرتِ میر نے اس کی طرف سے منہ پھیر لیا۔ کچھ دور جا کر اس نے پھر بات کی تو میر صاحب چیں بجبیں ہو کر بولے۔

''صاحب قبلہ! آپ نے کرایہ دیا ہے۔ بے شک گاڑی میں بیٹھئے مگر باتوں سے کیا تعلق؟''

اس نے کہا۔

''جناب کیا مضائقہ ہے؟ راہ کا شغل ہے۔ ذرا جی بہلتا ہے۔''

میر صاحب بگڑ کر بولے۔

''خیر آپ کا تو شغل ہے میری زبان خراب ہوتی ہے۔'' ہماری جیسی رنگ برنگی ثقافت کے حامل ملک میں اس بات کی گنجائش بھی کم ہے کہ کوئی شخص اپنی زبان دانی پر ناز کرتے ہوئے کہے:

اردو ہے جس کا نام، ہمیں جانتے ہیں داغ
سارے جہاں میں دھوم ہماری زباں کی ہے

یا یہ کہے:

نہیں کھیل، اے داغ! یاروں سے کہہ دو
کہ آتی ہے اردو زباں آتے آتے

اردو زبان نئے الفاظ، تلازمات، رجحانات، تلفظ حتیٰ کہ املا کو قبول کرنے اور اپنانے میں بہت فراخ دل واقع ہوئی ہے۔ زبانیں اسی طرح فروغ پاتی ہیں۔ کسی بھی زبان کا کوئی بڑے سے بڑا عالم سو فیصد درستی کا دعویٰ نہیں کرسکتا۔ چنانچہ جہاں علامہ اقبال کا ایک مصرع:

تمہاری تہذیب اپنے خنجر سے آپ خودکشی کرے گی

اعتراض کی زد میں آیا کہ خودکشی ''آپ'' ہی کی جاتی ہے کسی دوسرے کے ذریعے عمل میں نہیں آتی۔ وہیں اردو نثر کے عناصر خمسہ (سرسید احمد خاں، حالی، ڈپٹی نذیر احمد، شبلی نعمانی اور مولانا محمد حسین آزاد) بھی نکتہ چینی سے نہ بچ سکے۔ ہم کہنا یہ چاہتے ہیں کہ یہ گاڑھی اردو کا زمانہ نہیں۔ اس پر یاد آیا کہ ایک مولوی صاحب کسی پنساری کی دکان پر گئے اور پوچھا۔

''برخوردار! آپ کے ہاں "عرقِ نعناع" ہوگا؟'' مولوی صاحب نے ''عرقِ نعناع'' کے دونوں ''ع'' اپنے حلق سے اتنے تکلف کے ساتھ برآمد کئے کہ بچارہ پنساری سٹپٹا اٹھا۔ اس نے ادب کے ساتھ عرض کیا۔

''حضور ہے تو سہی لیکن اتنا گاڑھا نہیں ہے جتنا آپ کو چاہیے۔'' تاہم ہم اس کے بھی حق میں نہیں کہ پاکستان کی قومی زبان ہونے کے باوجود اردو اپنے ہی وطن میں خوار و زبوں رہے۔ جہاں تک اردو میں انگریزی کی ملاوٹ کا تعلق ہے، ٹی وی کے مختلف چینل اور ایف ایم ریڈیو کے میزبانوں نے اس کا ٹھیکہ لے رکھا ہے۔ ملی جلی زبان بولنے کے باعث وہ ٹھیک طرح اردو بول پاتے ہیں اور نہ انگریزی۔

چند روز قبل ہم حالیہ سیاسی تبدیلیوں کے موضوع پر ریڈیو کے ایک قومی پروگرام میں نشر ہونے والے مذاکرات کی نظامت کر رہے تھے۔ شرکائے گفتگو دو بہت سینئر صحافی اور تجزیہ نگار تھے۔ جب ہم نے ان میں سے ایک صاحب کو اظہار خیال کی دعوت دی تو انہوں نے کہا۔

''اس تمام صورت حال کو بین الاقوامی ''تناطر'' (ت ن اط ر) میں دیکھئے۔'' ہم نے بالواسطہ ان کے سہو کی طرف توجہ دلاتے ہوئے کہا۔

''بین الاقوامی تناظر (ت ن اظ ر) میں ذرا ٹھہر کر بات کرلیں گے۔ فی الحال آپ عام پاکستانی کے نقطہ نظر سے کچھ فرمائیں۔'' انہوں نے اصرار کیا۔

''پہلے بین الاقوامی 'تناطر' میں حالات کو جانچنا ضروری ہے۔ ہم سمجھ گئے کہ موصوف 'تناظر' کو 'تناطر' کہتے ہیں اور اپنی اصلاح پر آمادہ بھی نہیں۔ دوران گفتگو انہی صاحب نے یہ بھی ارشاد فرمایا۔

''ہم اپنے معاملات میں کسی اور کی 'مدالخت' برداشت نہیں کرسکتے۔'' اس طرح انہوں نے لفظ

''مداخلت'' کو ذبح کر ڈالا۔ تاہم یہ انفرادی غلطی کی ایک مثال تھی۔اس کے برعکس ایک غلطی جو بازاروں سے شروع ہو کر اب کتابوں تک پہنچ چکی ہے وہ یہ ہے کہ لفظ ''عوام'' کو مونث کر کے اسے واحد بنا دیا گیا ہے۔ چنانچہ پہلے جو عوام (عام کی جمع) ہوتے تھے، اب ہوتی ہے۔بعض تعلیم یافتہ لوگ بھی کہنے لگے ہیں ''ہماری عوام بہت باشعور ہے۔'' ہمیں عوام کے مونث ہو جانے پر اتنا اعتراض نہیں اس لئے کہ دنیا بھر میں صنفی تناسب اور ''تعصب'' عورتوں کے حق میں ہموار ہو رہا ہے۔ اصل رونا اس بات کا ہے کہ ان بے چاروں یا ''بے چاریوں'' کو واحد کر دیا گیا ہے۔بعض لوگ بھاری بھرکم اردو بولنے کے شوق میں غلطیاں کر جاتے ہیں۔جس زمانے میں ہم سندھ سوشل سیکیورٹی کی ملازمت میں تھے ہمارے ایک دوست نے ایک محفل میں ہم سے سوال کیا۔

''آپ کی ڈسپنسریوں میں دوائیں تو ''دافر'' (دال کے ساتھ) مقدار میں ہوتی ہیں نا؟'' ہم نے کہا۔

''جی ہاں!'' دل میں سوچا۔اگر یہ ''واؤ'' کے ساتھ ''وافر'' کہتے تو ہمیں جھوٹ بولنا پڑتا۔

اسی طرح ہمارے ایک باس (جن کی مادری زبان اردو نہیں تھی) کسی کی گفتگو کے دوران اچانک کہتے ''تکیہ کلام معاف......'' وہ بے چارے ''قطع کلامی'' کی جگہ ''تکیہ کلام'' کہہ کر اپنے تئیں اہلِ زبان ہونے کا تاثر دیتے تھے۔ جب وہ آنکھوں کی روشنی کو ''آنکھوں کی روشنائی'' کہتے تو بڑا لطف آتا تھا۔یہ انفرادی معاملات ہو گئے لہٰذا اجتماعی غلطیوں کی طرف آتے ہیں۔

آپ کو اکثر ایسے دعوت نامے ملتے ہوں گے جن میں لکھا ہوتا ہے کہ تقریب ''مورخہ......کو منعقد ہوگی۔'' یہی تاریخ ایک بار پھر تقریب کے بینر پر بھی لکھی ہوتی ہے حالانکہ ''مورخہ'' ماضی کی تاریخ کے لئے آتا ہے جیسے مورخہ 4 اپریل کے اخبار میں یہ خبر شایع ہوئی تھی۔آنے والی تاریخ کے لئے اگر چاہیں تو ''بتاریخ'' لکھ دیں جیسے ''بروز'' لکھا جاتا ہے۔بعض الفاظ کے املا میں بلاوجہ اضافے کر دئے گئے ہیں مثلاً انکسار کی جگہ انکساری، تقرر کی جگہ تقرری، تنزل کی جگہ تنزلی، تابع کی جگہ تابعدار، مع کی بمع یا بمعہ لکھنا عام ہے۔آنحضرت کی ایک صحابیہ کا نام بی بی ثوبیہ (ث و ے ب ہ) تھا جنہیں اسلام کی پہلی شہید ہونے کا شرف بھی حاصل ہوا۔ ہمارے یہاں یہ نام آیا تو کسی کاتب نے بے احتیاطی سے لکھتے وقت 'ے' اور 'ب' کے نقطے آگے پیچھے کر دئے اور یہ لفظ ''ثوبیہ'' (ث و ب ی ہ) ہو گیا۔ ہماری بچیوں کا عام نام ہے۔اگرچہ اس کی کوئی اصل نہیں۔بعض اشعار غلط رائج ہو گئے ہیں۔مثلاً غالب کا شعر ہے:

جی ڈھونڈتا ہے پھر وہی فرصت 'کہ' رات دن بیٹھے رہیں تصورِ جاناں کئے ہوئے

پہلے مصرع میں عام طور پر ''فرصت کے رات دن'' پڑھا جاتا ہے۔ایک ضرب المثل شعر ہے:

دردِ دل کے واسطے پیدا کیا انسان کو ورنہ طاعت کے لئے کچھ کم نہ تھے کروبیاں

دوسرے مصرع میں ''کروبیاں'' کروبی کی جمع ہے جس کے معنی ہیں مقرب فرشتہ۔ بہت سے لوگ ''کروبیاں'' کو ''کروبیاں'' کہتے سنے گئے جیسے یہ ''کروفر'' قسم کا کوئی لفظ ہو۔ ''ماشاءاللہ'' جوایک کلمہ تحسین وآفرین ہے اس کے بعد ''سے'' کا لاحقہ لگ گیا ہے۔ اچھے خاصے سمجھدار لوگ کہتے ہیں ''ماشاءاللہ سے میرا بیٹا بڑا ذہین ہے۔''

اسی طرح ''دونوں فریقین'' پر غور فرمائیے ''فریقین'' کے تو معنی ''دو فریق'' ہیں پھر اس میں ''دونوں'' کا سابقہ کیوں؟ آخر میں ایک لفظ اور یاد آیا ''صہیونیت'' (ص ہ ی و ن ی ت) جو یہودیوں کی عالمی تنظیم ہے۔ اسے اخبارات میں بھی عام طور پر ''صیہونیت'' (ص ے ہ و ن ی ت) لکھا جا رہا ہے۔ تعجب اس پر ہوتا ہے کہ اردو ڈکشنری بورڈ کی شایع کردہ لغت کی بارہویں جلد کے صفحہ 1028 پر بھی ''صیہونیت'' کو تحفظ دے دیا گیا ہے۔

• ڈاکٹر آفتاب احمد

تازگی اور توانائی کا شاعر......صدیق مجیبی

صدیق مجیبی جدید اردو غزل کا ایک معتبر نام ہے۔غزل سے صدیق مجیبی کا ایک ازلی سروکار ہے۔اساتذہ کی مایہ ناز غزلیہ شاعری کے وہ دیوانے تھے۔کلاسیکی غزلیہ شاعری کے عمیق مطالعہ نے ان کے شعری مزاج کی تعمیر میں کلیدی رول ادا کیا تھا۔جب ان کے مشق سخن کا زمانہ تھا تو شعر و ادب میں جدیدیت کا رجحان سرایت کر چکا تھا۔ہر چند کہ غزل کا کردار اور مزاج ابتدا سے اشاراتی اور علامتی رہا ہے۔جدیدیت کے زیر اثر علامت نگاری میں نئی راہیں وا ہوئیں۔ساتھ ہی فیشن پرستی کے زعم میں اول جلول قسم کی علامت نگاری نے غزل کے حسن کو مجروح بھی کیا لیکن صدیق مجیبی نے الفاظ کی بازی گری سے خود کو الگ رکھا۔انہوں نے آداب غزل کو اپنے مخصوص رنگ و آہنگ میں برتا۔انہوں نے غزل کی ہر ایک رسم اُلفت کو اپنے طور اور اپنے انداز میں نبھانے کا جتن کیا۔ان کی غزلیہ شاعری ایک انفرادی شناخت رکھتی ہے۔وہ اپنے تجربات و مشاہدات اور جذبات و احساسات کو شعری قالب میں ڈھالنے کے مرحلے میں اپنی فنکارانہ ہنرمندی اور اختراعی قوت سے کام لے کر شاعری کے نئے امکانات کی تلاش میں سرگرداں رہے۔ان کے لہجے کی حلاوت اور گھلاوٹ نے سونے پر سہاگہ کا کام کیا۔

صدیق مجیبی کی غزلیہ شاعری اپنے جلو میں مختلف رنگ و آہنگ رکھتی ہے۔وہ احساس جمال سے سرشار ہیں۔حسن، ہر رنگ اور ہر روپ میں انہیں متاثر کرتا ہے۔

دیکھ اے فلک یہ تیری دھنک کا جواب ہے
پازیب باندھتی ہے قیامت جھکی ہوئی

حسن کے جلوے جب ان کے جذبۂ عشق پر مہمیز لگاتے ہیں تو ان پر ایک بے خودی سی طاری ہو جاتی ہے اور وہ کہتے ہیں۔

ہم ہیں خوب مجیبی واقف تیرے طور طریقوں سے
دشمن جس کو کہتا ہے تو اس جانی کا نام بتا

بے سبب بیچ کی دیوار مجیبی مت بن
معرکہ آج میان دل و دل پر ٹھہرا

دشمن سہی پہ اس نے سر بزم دوستاں نکلا وفا کا ذکر تو میری مثال دی
دل سمجھتا ہی نہیں میری طبیعت کا مزاج جس کو چاہیں وہی تکمیل تمنا کیوں ہو

عشق کی سرمستی جب انہیں مقام انانیت پر لے جاتی ہے تو وہ بڑے طمطراق کے ساتھ اس قبیل کے اشعار کہتے ہیں۔

نہ کھائی مات نہ دشمن سے صلح کی میں نے یہی بساط مری ہے یہی ہنر میرا
اپنا سر کاٹ کے نیزے پہ اُٹھائے رکھا صرف یہ ضد کہ مرا سر ہے تو اونچا ہوگا
تو دیکھ ظرف کبھی آزما کے میرا بھی اُٹھا کے سارا سمندر مرے حباب میں رکھ
ہمارا حوصلہ دیکھو خزاں کی سنگساری میں شگفتہ دل کو رکھا، زخم بھی شاداب رکھے ہیں
اپنے سائے سے بھی ہم دور کھڑے رہتے ہیں یعنی منت کش دیوار نہ اشجار کے ہیں

زندگی کے تجربات وحوادث سے جب شاعر کی انا کا سامنا ہوا تو اس کا کس بل کافور ہو گیا۔ گردش حالات نے زندگی کو اس روپ میں اس کے سامنے لا کھڑا کیا کہ وہ یہ کہنے پر مجبور ہو گیا۔

روشن ضمیر بننے کا اک شوق تھا کبھی خوش ہوں کہ تجربوں نے یہ حسرت نکال دی
سرکشیدہ دشمنوں کے درمیاں مجھ کو کہا وہ میری انا تھی جس نے بے اماں مجھ کو کیا
آنکھیں روشن تھیں تو سورج بھی سیہ کار تھا بجھ گیا دل تو بڑھی اور بصیرت میری
چہرہ ثابت نہ پندار سلامت اب کے سرخ رو ہو گیا ہر سنگ ملامت اب کے
ہر زخم بر زبانِ رفو بولنے لگا میں چپ رہا تو میرا لہو بولنے لگا

آزمائشوں سے صدیق مجیبی متواتر گذرتے رہے۔ انتشار کی کیفیت سے دو چار ہوتے رہے۔ حوصلے کا امتحان ہوتا رہا۔ لیکن ان کے ولولے کبھی سرد نہیں ہوئے۔

یہ مصلحت ہے یا کہ خجالت خبر نہیں قاتل ہمارے شہر کے ہمدرد ہو گئے
ضبط کے بوجھ سے ہونٹوں کی کماں ٹوٹ گئی بند پلکوں کے سہارے تھا سمندر ٹھہرا
اک اک نقش ہے فریاد کش کاتب جاں ورق دل غم دنیا کا مصور ٹھہرا
گر تجھ سے سنبھل پائے گراں بار امانت لے جا مرے سر سے مری دستار بھی لے جا
کیا سوچ کے انگشت بدنداں ہے یہ دنیا میں حرف غلط ہوں تو مٹا کیوں نہیں دیتی
اس دور میں سچ وصف نبوّت ہے مجیبی پھر خلق خدا تجھ کو سزا کیوں نہیں دیتی
سیپیاں چن لیں تہہ آب گہر چھوڑ دیا جانے کس موج میں تھی اب کے طبیعت میری

صدیق مجیبی کی طبیعت کی اسی موج کی تہہ سے تشکیک کا عنصر فروغ پاتا ہے۔تشکیک کوئی بنیادی تصور نہیں بلکہ عملی زندگی میں جذبہ اور عقل کے تصادم کی پیداوار ایک فکری لہر کا نام ہے۔جب انسان خود کو حد درجہ بے بس محسوس کرتا ہے تو کائنات کے تمام رشتے اس کے نزدیک بے معنی ہو جاتے ہیں اور عالم بے چارگی میں وہ اپنے خدا سے بھی سرکشی کر جاتا ہے۔

مجھے بھی دیکھ مرے حوصلے بھی دیکھ ذرا مرا تو کوئی نہیں، تو نہیں، خدا بھی نہیں
میں پیمبر نہ میرے ساتھ تائید خدا وقت کا دریا کب راستہ دے گا مجھے
مجھ سے مت پوچھ کوئی میرا خدا ہے کہ نہیں زندگی مجھ کو گنہگار بناتی کیوں ہے
پھر کوئی موج بلا کیسے مرا سر لے گئی اے خدا، میرے خدا، تو بھی نگہبانوں میں تھا
بہت سبک نہ بنا میرا نامۂ اعمال گناہ جتنے بھی ہیں سب کے مرے حساب میں رکھ

مسلسل آزمائش نے شاعر کے تحمل کو درہم برہم کر دیا اور دامان صبر اس کے ہاتھوں سے سرک گیا۔حرف شکایت، سرکشی کے روپ میں اُجاگر ہوتی ہے لیکن ان اشعار کی زیریں لہروں میں خدا کی عظمت، بزرگی اور طاقت کا اعتراف بھی موجود ہے۔صدیق مجیبی کا یہ تیور ان کے ناز بندگی سے علاقہ رکھتا ہے۔درج ذیل اشعار میں ان کا یہ انداز بندگی پورے آب وتاب کے ساتھ نمایاں ہوا ہے۔

منصف نہ بنا دہر کو اعمال کا میرے یاب ترا مجرم ہوں سزا تو ہی مجھے دے
میں بندۂ عاجز نہ زباں ہے نہ سلیقہ استاد ازل درس دعا تو ہی مجھے دے
اُٹھے ہیں ہاتھ تو اپنے کرم کی لاج بچا گرنہ میری دعا کیا میری طلب کیا
اسی عالم میں تو ملتا ہے خدا مجھ کو ٹوٹ جاتے ہیں جہاں سارے سہارے میرے

دنیائے شعر و ادب کا ایک اور روشن چراغ گل ہو گیا۔صدیق مجیبی اپنے مالک حقیقی سے جا ملے۔مجیبی ہمارے درمیان نہیں رہے مگر ان کی شاعری اور ان کی یادیں ہمیشہ دلوں کو منور کرتی رہیں گی۔

سب رونقیں مجیبیؔ وحشی کے دم سے تھیں اک وہ نہیں تو شہر میں ہُو بولنے لگا

صدیق مجیبی نے موت کی ناقابل تردید سچائی کو اپنے داخلی تصورات میں محفوظ رکھا۔چند اشعار ملاحظہ فرمائیے۔

نفس کی آمد و شد میں پڑاؤ آنے والا ہے مجیبی دیر سے باندھے مرے اسباب رکھے ہیں
اک بار سفر میرا تہہ خاک تو ہو لے آلائش دنیا سے یہ دل پاک تو ہو لے
تم کو میں سونپ جاؤں گا اپنی بیاض درد شیریں لبوں پہ ایک نمک چھوڑ جاؤں گا

ہے وقت نقش گر تو کرے گا اسے تمام
قصے میں اپنے نوک پلک چھوڑ جاؤں گا

ہاتھوں سے دوستوں کے میں ہو جاؤں گا شہید
سینے میں دشمنوں کے کسک چھوڑ جاؤں گا

مری حیات مجھے زہر دے رہی تھی جب
خبر نہیں دل پروردگار میں کیا تھا

خود کو دل سرکش نے بھی رکھا نہ کہیں کا
جینے پہ رضامند تو ہم بھی نہیں اب کے

مذکورہ اشعار اس امر کا پتہ دیتے ہیں کہ صدیق مجیبی نے رخت سفر باندھ رکھا تھا، بس اذن سفر کا انتظار تھا۔ ع

حق مغفرت کرے عجب آزاد مرد تھا

صدیق مجیبی کی غزلیہ شاعری میں موضوعاتی سطح پر خاصا تنوع اور نیرنگی رکھتی ہے۔غم عشق، غم روزگار، انا، تشکیک، تجربات وحوادث کا تذکرہ ہو کہ جذبات واحساسات کی تصویر کشی......صدیق مجیبی ہر مقام پر ایک تازگی اور توانائی کے حوالے سے یاد کئے جاتے رہیں گے۔

◄◄ ● ►►

• شبنم افروز

صغریٰ مہدی کی تخلیقات میں نسائی حسیت کا توانا اظہار

مشہور شاعر کیفی اعظمی نے کہا تھا ؎

کہیں اندھیرے سے مانوس ہو نہ جائے ادب
چراغ تازہ ہوا نے بجھائے ہیں کیا کیا

حالیہ کچھ مہینوں میں اردو ادیبوں کے رخصت ہونے کا سلسلہ بدستور جاری ہے۔ پروفیسر لطف الرحمٰن، ممتاز ناقد وارث علوی اور 'تین بتی کے راما' کے خالق علی امام نقوی کے جانے کا غم ابھی اردو زبان وادب کے شائقین کے دلوں میں تازہ ہی تھا کہ ہماری بزرگ ناول وافسانہ نگار صغریٰ مہدی بھی ہمیں الوداع کہہ گئیں۔

صغریٰ مہدی کا چلے جانا یقیناً اردو ادب کا ایک عظیم خسارہ ہے۔ اس کا اظہار اردو ادب سے جڑی تقریباً تمام ہی عظیم ہستیوں نے کیا ہے۔ ممتاز فکشن نگار مشرف عالم ذوقی نے ان کے چلے جانے پر اپنے گہرے تاثرات کا اظہار کرتے ہوئے کہا کہ ''اک دھوپ تھی جو گئی ساتھ آفتاب کے...... صغریٰ آپا بھی چلی گئیں، ایک دور چلا گیا۔ ابھی علی امام نقوی کے صدمے سے ہم اردو والے باہر بھی نہ نکلے تھے کہ ایک اور مہربان چہرے نے دست شفقت کھینچ لیا۔ صغریٰ آپا مجھے داستانوی شخصیت کا جیتا جاگتا نمونہ لگتی تھیں...... ہزاروں کہانیاں سینے میں دفن...... صغریٰ مہدی یعنی ہم سب کی صغریٰ آپا آج ہم سب کے درمیان نہیں...... ایک دور رخصت ہوا...... ایک عہد کو نیند آ گئی...... داستان سنانے والے ہونٹ خاموش ہو گئے''۔ عہد حاضر کے ایک اور افسانہ نگار دیپک بدکی نے ذوقی کے اس بیان کی تائید کرتے ہوئے کہا کہ ''سچ مچ ایک عہد کو نیند آ گئی۔'' پروفیسر شمیم حنفی نے ان سے جدائی کا مطلب بتاتے ہوئے کہا کہ ''میں نے اپنی زندگی میں بہت کم لوگوں کو شریک کیا ہے لیکن صغریٰ مہدی میرے ذاتی معاملات میں دخیل ہو گئی تھیں۔ صغریٰ کا دنیا سے چلے جانا بالکل ایسا محسوس ہوتا ہے کہ ہم زندگی کے بڑے حصہ سے محروم ہو گئے ہیں۔'' یقیناً یہ وہ شخصیت سیماب صفت شخصیت تھی۔ میرا یہ مضمون اسی شخصیت اور ان کی تخلیقات پر محیط ہے۔ اس میں خاص طور سے ان کے

ناولوں اور افسانوں میں نسائی حسیت کو تلاش کرنے کی کوشش کی گئی ہے۔

پروفیسر صغریٰ مہدی ۸ اگست ۱۹۳۷ کو بھوپال کے قریب قصبہ باڑی میں پیدا ہوئیں۔ ابتدائی اور ثانوی تعلیم حاصل کرنے کے بعد اعلیٰ تعلیم کے حصول کے لئے وہ دہلی آ گئیں۔ جامعہ ملیہ اسلامیہ سے بی. اے کیا اور پھر انہوں نے ۱۹۶۱ء میں بی. ایڈ کیا۔ علی گڑھ سے ایم فل اور جامعہ ملیہ اسلامیہ سے مشہور ناقد پروفیسر گوپی چند نارنگ کی نگرانی میں معروف طنز و مزاح نگار شاعر 'اکبر الہ آبادی کی شاعری کا تنقیدی جائزہ' کے موضوع پر تحقیقی مقالہ پیش کر کے پی ایچ. ڈی مکمل کی۔ جس کے بعد ایک معلّمہ کی حیثیت سے ان کا تقرر ہو گیا۔ انہوں نے جامعہ اسکول میں تدریسی فرائض انجام دیئے اور بعد میں جامعہ ملیہ اسلامیہ کے شعبۂ اردو سے وابستہ ہو گئیں۔ ریڈر بنیں اور پھر شعبۂ اردو کی پروفیسر اور صدرِ شعبہ بھی مقرر ہوئیں اور یہیں سے ریٹائر ہوئیں۔ پوری زندگی ان کی تعلیم و تربیت اور ادبی و علمی سرگرمیوں کا مرکز جامعہ ملیہ اسلامیہ رہا ہے۔ ان کی تحریروں میں اس ادارے کی تہذیبی و ثقافتی جھلکیاں بارہا نظر آتی ہیں۔ پروفیسر صغریٰ مہدی درس و تدریس کی ذمہ داریوں کے ساتھ ساتھ علمی و ادبی کاموں میں بھی مصروف رہیں۔ تدریسی فرائض انجام دینے کے ساتھ ساتھ انہوں نے متعدد تحقیقی اور تنقیدی مقالے قلم بند کئے۔ اور یہ اُن کی سب سے بڑی خوبی تھی کہ انہوں نے اپنے آپ کو تمام عمر ادبی و علمی سرگرمیوں میں مصروف رکھا یہی وجہ ہے ان کی قلم سے شاہکار افسانے، متاثر کن ناول، تحقیق و تنقید کی عمدہ کتابیں اور سفر کی روداد کو بیان کرتی تخلیقات منظر عام پر آئیں جنہیں اردو ادب کے قاری بڑی قدر و منزلت کے ساتھ دیکھتے ہیں۔

صغریٰ مہدی ہندوستان کے ایک جید علمی، ادبی اور سیاسی خاندان سے تعلق رکھتی تھیں۔ ان کا خاندان علم و ادب کا گہوارہ تھا۔ مسلک صلح کل، انسان دوستی اور علم پروری کی قدریں انہیں ورثے میں ملی تھیں۔ اس روایت کی انہوں نے پاسداری کی۔ وہ صاف دل، شفیق، روشن خیال، حقوق نسواں کی علمبردار اور چھوٹوں کی حوصلہ افزائی کرنے والی ادیبہ تھیں۔ وہ ڈاکٹر عابد حسین اور صالحہ عابد حسین صاحبہ کی منہ بولی صاحبزادی تھیں۔ انہی کی زیر تربیت ان کے علم و ادب کے مذاق کو فروغ حاصل ہوا۔ انہوں نے ساری زندگی اردو کی خدمت کی۔ وہ مشہور فکشن نگار قرۃ العین حیدر کے قریب تھیں۔ زاہدہ حنا نے اپنی ایک تاثراتی تحریر میں لکھا ہے کہ ''عینی آپا کی وہ رازداں بھی تھیں اور مشیر خاص بھی، یہی وجہ تھی کہ عینی آپا نے انہیں ''مشیر فاطمہ'' کا اعزازی عہدہ عطا کیا تھا۔'' شاید اسی وجہ سے ان کے اثرات صغریٰ مہدی کی تحریروں میں بھی ملتے ہیں۔

انہوں نے تین درجن سے زیادہ کتابیں تصنیف و تالیف کیں جن میں ناول، افسانہ اور سفرنامے شامل ہیں۔ انہوں نے متعدد کتابوں کا انگریزی سے اردو میں ترجمہ کیا ہے اور بچوں کے لئے بھی اپنی

تخلیقات پیش کی ہیں۔ اصلاً وہ ایک فکشن نگار تھیں۔ ''پروائی''، ''دھند''، ''اکیلا''، ''پابہ جولاں''، ''راگ بھوپالی'' اور ''جو بچے ہیں سنگ سمیٹ لو'' وغیرہ ان کے اہم ناول ہیں جبکہ ''پتھر کا شہزادہ'' اور ''جو میرے وہ راجہ کے نہیں'' ان کے اہم افسانوی مجموعے ہیں جو زیور طباعت سے آراستہ ہوکر منظر عام پر آچکے ہیں۔ اس کے علاوہ سفرناموں میں ''سیر کر دنیا کی غافل'' اور ''میخانوں کا پتہ''، خاص و عام میں مقبول ہوئے۔ ان کی تنقیدی نگارشات میں ''اکبر الہ آبادی کی شاعری کا تنقیدی مطالعہ''، ''اردو ناولوں میں عورت کی سماجی حیثیت''، قابل ذکر ہیں۔ اس کے علاوہ انہوں نے صالحہ عابد حسین اور اکبر الہ آبادی کا مونوگراف بھی تحریر کیا اور محترمہ صالحہ عابد حسین کی ڈائری کو ''تسبیح روز وشب'' کے نام سے ترتیب دیا ہے۔ جامعہ کی تاریخ پر ''ہماری جامعہ'' (تعلیمی، تہذیبی اور سماجی ساگا) کے عنوان سے ایک بڑی کارآمد کتاب تحریر کی ہے۔

علمی و ادبی حلقوں، بستیوں اور انجمنوں میں پروفیسر صغریٰ مہدی کی حیثیت کو تسلیم کیا گیا اور انہیں اعزازات و انعامات سے بھی نوازا گیا۔ وہ ساہتیہ اکیڈمی کے اردو بورڈ میں ایڈوائزر رہیں۔ اسی طرح ہریانہ اکیڈمی اور دوسرے اہم علمی اور ادبی اداروں سے وابستہ رہیں نیز امتیاز میر ایوارڈ، دہلی اردو اکیڈمی ایوارڈ اور کئی دوسرے اعزازات ان کے حصے میں آئے۔ ان کی کہانیوں کا دوسری زبانوں میں ترجمہ بھی ہوا ہے۔

اس میں کوئی شک نہیں ہے کہ ادبی منظرنامے پر صغریٰ مہدی کا نام ہمیشہ زندہ رہے گا۔ وہ اردو ادب کی استاد تھیں اور اس کے ساتھ ساتھ ایک تخلیقی نثر نگار بھی اور ان کا خاص میدان فکشن تھا۔ ان کے ناول اور افسانے سماجی اور اصلاحی نظریات کے حامل ہیں۔ ان کی تربیت صالحہ عابد حسین جیسی افسانہ نگار کے ہاتھوں ہوئی تھی۔ اسی لئے ان کی تحریروں کے مطالعے سے معلوم ہوتا ہے کہ وہ ان سے اچھی خاصی متاثر تھیں۔ ان کی تحریریں گنگا جمنی تہذیب کی آئینہ دار ہیں۔ انھیں ہندوستان کی مشترکہ تہذیب پر فخر ہے۔ صغریٰ مہدی کا نام تانیثی ادیباؤں میں ایک رہنما کی حیثیت کا حامل رہا ہے۔ انہوں نے اردو فکشن کے میدان میں تانیثیت کے نظریہ سے متاثر ہوکر اپنی ایک الگ پہچان قائم کی تھی۔ ان کے ناول ان کے تانیثی افکار و خیالات کی ترجمانی کرتے ہیں۔ انہوں نے مرد اساس معاشرے میں خونی رشتوں کی ٹوٹ پھوٹ، انسانیت کا بکھرتا جذبہ، مرد عورت کے رشتوں میں بے اعتباری، میاں بیوی کے رشتوں کی اہمیت و معنویت، عورت کے مقام کا المیہ اور عورتوں کا سماج و معاشرے میں اپنے وجود کے ہونے کا احساس کرانا جیسے نئے اور مختلف موضوعات پر ناول قلمبند کئے ہیں۔ ان کے ناولوں میں اگر ہمیں ہندوستانی شہروں اور قصبوں کی گہما گہمی نظر آتی ہے تو ساتھ ہی امریکہ، انگلینڈ اور کنیڈا جیسے رنگین مزاج، آزادانہ خیالات اور ترقی یافتہ ممالک کی دوڑتی بھاگتی زندگی کی جھلکیاں بھی دکھائی دیتی ہیں مگر ان تمام رنگوں کے باوجود صغریٰ مہدی

نے خارجی حقیقت نگاری کے بجائے داخلی صداقت ، جذبات نگاری اور احساسات نفس کو مرکز بنا کر اپنی تخلیقات پیش کی ہیں۔

ان کی تحریروں کے اہم موضوعات فرقہ پرستی کی مذمت ، انسان دوستی ، رواداری اور خواتین کے مسائل ہیں۔انہیں اپنے وطن ہندستان کی تہذیب وثقافت بہت عزیز ہےاس لئے اپنے ملک میں عورتوں پر ہونے والے استحصال کو وہ دیکھنے کی تاب نہیں رکھتی تھیں۔انہیں صنف نازک کی زبوں حالی نے بے چین کر رکھا تھا اسی وجہ سے ریٹائرمنٹ کے بعد وہ جہاں اپنے علمی اور ادبی کاموں کو سمیٹ رہی تھیں، وہیں وہ نچلے اور متوسط طبقے کی مسلمان عورتوں کی حالت زار پر کڑھتیں اور ان کے بارے میں ہونے والی مختلف کانفرنسوں میں شرکت کرتی تھیں۔نسائی جذبات اور حسیت سے دلی لگاؤ کی وجہ سے ہی انہوں نے اپنی تحریروں میں تانیثیت کے نظریات کا استعمال بھی کیا ہے۔صغریٰ مہدی کے دو ناولوں کو تانیثی فکر وخیال کے درجے میں رکھا جاسکتا ہے۔جن میں ایک ''راگ بھوپالی'' اور دوسرا ''جو بچے ہیں سنگ سمیٹ لو'' ہے۔ ناول 'راگ بھوپالی' میں عورت کے ذہنی وجذباتی احساس کو بڑے ہی موثر انداز میں بیان کیا گیا ہے۔اس کا مرکزی کردار رابعہ اور عادل ہیں۔اس ناول کی کہانی کچھ اس طرح ہے کہ ابتدا میں ناول کے یہ دونوں کردار ایک دوسرے کے اچھے دوست ہوتے ہیں اور بعد میں دونوں ازدواجی بندھن میں بندھتے ہیں لیکن ذہنی ہم آہنگی نہ ہونے کی وجہ سے رشتہ ٹوٹ جاتا ہے، جس کی کسک تاعمر ان دونوں کے ساتھ رہتی ہے۔اس ناول میں صغریٰ مہدی نے عورت کے کردار کو اہمیت دیتے ہوئے اس کو کمزور اور مجبور و بے سہارا بیان کرنے کے بجائے خود اعتماد اور خود دار بنایا ہے جس کے اندر مرد اساس معاشرے میں اپنے قدموں پر خود کھڑے ہونے کا حوصلہ ہے اور وہ سماج میں اپنی شخصیت کی تشکیل کرنے کا جذبہ بھی رکھتی ہے۔

صغریٰ مہدی کا ناول ''جو بچے ہیں سنگ سمیٹ لو'' اردو فکشن میں کافی مقبولیت حاصل کر چکا ہے۔ یہ ناول تانیثیت کی تحریک کا ترجمان معلوم ہوتا ہے۔اس میں انہوں نے مرد عورت کے مابین بنتے بگڑتے رشتے کو بڑے ہی اثر انگیز انداز میں بیان کیا ہے۔انہوں نے حسین ، زیبا، ریما اور صباحت کے کرداروں میں عہد حاضر کی جذباتی حشر سامانی کی ایک دنیا سمیٹ لی ہے۔انھوں نے فلسفہ ،نفسیات، عمرانیات اور تاریخ کے تناظر میں محبت ،نفرت کے درمیان جڑتے ،ٹوٹتے مرد وعورت کے رشتوں کی حیثیت کو سمجھانے کی کوشش کی ہے۔اسی ناول پر تبصرہ کرتے ہوئے شمیم حنفی لکھتے ہیں:

> ''صغریٰ مہدی نے یہ کہانی سیدھے سادے انداز میں بیان کی ہے۔انسانی رشتوں کی بساط پر اس ناول کے کرداروں کی زندگی خاصی پر پیچ ہے۔لیکن

ناول نگار کے احساس و اظہار میں ایک کشش آمیز سادگی کا گمان ہوتا ہے۔ جذبے کی لے بعض مقام پر اونچی ہوگئی ہے پھر بھی جذباتیت سے بڑی حد تک آزاد ہے۔ اسی لئے طرز احساس کی رومانیت ناول کے بنیادی مسئلے کی طرف مصنفہ کے حقیقت پسندانہ شعور کی روشنی کو کم نہیں کر سکی ہے۔ یہ کہانی معنی خیز بھی ہے اور اپنے بیان کی سادگی اور بہاؤ کی وجہ سے دلچسپ بھی، میرا خیال ہے کہ اس ناول کے واسطے سے صغریٰ مہدی کی اپنی بصیرت کا ایک نیا نقش بھی قائم ہوا ہے۔'' (شمیم حنفی، پیش لفظ، مشمولہ: جو بچے ہیں سنگ سمیٹ لو، ناولستان، جامعہ نگر، نئی دہلی ۱۹۹۰، ص ٦)

صغریٰ مہدی کے ناولوں میں بھی اخلاقی حسیت کے ساتھ بدلتی ہوئی زندگی کے حقائق کا گہرا احساس ملتا ہے۔ ان کے ناول ''جو بچے ہیں سنگ سمیٹ لو'' میں ایک شادی شدہ جوڑے کی ازدواجی زندگی کے نشیب و فراز کو بڑی کامیابی کے ساتھ پیش کیا گیا ہے۔ ان کی نظر میں ازدواجی زندگی کی کامیابی کا پیمانہ صرف بستر شیئر کرنے اور جنسی ضرورتوں کو پورا کرنے کا ہی نام نہیں ہے بلکہ ازدواجی زندگی کو کامیاب اور خوشگوار انداز میں گزارنے کے لئے میاں بیوی کے مابین ذہنی و جذباتی ہم آہنگی کے ساتھ ایک دوسرے کے سکھ دکھ میں برابر برابر شریک ہونے کا نام ہے۔ یہ ناول سماج کی ان بے بنیاد روایتوں کی طرف بھی اشارہ کرتا ہے جن کی وجہ سے زندگی اتھل پتھل ہو جاتی ہے۔ اس ناول میں سماج کے روایتی بندھنوں کی سخت بیڑیوں نے دو محبت کرنے والوں کو ایک نہیں ہونے دیا جس کی وجہ سے زندگیاں تباہ ہوگئی ہیں اور ان کی نظروں میں ازدواجی رشتے بے معنی ہو گئے۔ اس ناول کا ایک اقتباس ملاحظہ ہو:

''زیبا اس وسیع و عریض ڈبل بیڈ کے دوسرے کونے پر سو رہی تھی اس کی بیوی..... شریک حیات.... جیون ساتھی..... نصف بہتر اور..... نہ جانے کیا کیا.....؟ کیا بستر شیئر کرنے سے زندگی شیئر کر سکتے ہیں ہم..... ہم ہی کیا ہماری طرح کتنے لوگ اجنبیوں کی طرح اسی انداز سے بستر پر ساتھ ساتھ تنہا ہوں گے۔'' (صغریٰ مہدی، ''جو بچے ہیں سنگ سمیٹ لو''، ناولستان، جامعہ نگر، نئی دہلی ۱۹۹۰، ص ۷)

''جو بچے ہیں سنگ سمیٹ لو'' صغریٰ مہدی کا ایک اہم کارنامہ ہے۔ یہ ناول ہمارے سامنے کئی سوال کھڑے کرتا ہے۔ عورتوں کے تعلق سے کئی اہم پہلوؤں کی طرف قاری کو متوجہ کرتا ہے۔ آج چاہے ہم کتنا ہی کہیں کہ عورت آزاد ہے، اس کو اب مردوں سے برابری کا حق حاصل ہے لیکن کیا آج عورت اپنے آپ کو اس معاشرے میں محفوظ پاتی ہے؟ کیا اس کے استحصال میں کمی آئی ہے؟ کیونکہ جب ہم اپنے

معاشرے پر نظر ڈالتے ہیں تو یہ سچائی کھل کر آنکھوں کے سامنے آجاتی ہے کہ ہمارے معاشرے نے حقوق نسواں سے چشم پوشی کا سلسلہ کہیں نہ کہیں اب تک برقرار رکھا ہے۔ خاص طور سے برسر روزگار اور نوکری پیشہ عورت گرہستی اور ملازمت کی چکی کے دو پاٹوں میں پس رہی ہے۔ ایسی صورت میں اس کے ٹوٹنے اور بکھرنے کا عمل نہایت لرزہ خیز ہے۔ اپنے شوہر کے ساتھ اس کے تعلقات اور رشتے کی گرہیں کس طرح الجھتی ہیں، یہ وہی جانتی ہے۔ عورت کی یہ تکلیف صغریٰ مہدی بخوبی سمجھتی ہیں اور اس کے اسی درد کو محسوس کرتے ہوئے وہ لکھتی ہیں:

> ''آج تو اتوار ہے۔ آج دس بجے سے پہلے کا ہے کو لاٹ صاحب اٹھیں گے مگر اُٹھوں، ان کی مزاج پرسی کروں اور اس کے جواب میں ان کا طول طویل بیماریوں کا حال سنوں، نشیمن کے کاموں میں خود کو مصروف کردوں، کھانا پکواؤں، گھر میں آنے والے مہمانوں کی خاطر تواضع کروں۔ نوکروں کے قصے جھگڑے نمٹاؤں۔ گھر کی مالکن یا ہاؤس کیپر مالکن تو میں اس کے دل کی بھی نہیں بن پائی۔ جو میرا جیون ساتھی ...... شریک زندگی ...... رفیق سفر اور جنم مرن کا ساتھی ہے۔ کیا اس نے میرا خیال، کیا عزت کی...... قدر کی؟ میری تلخ باتوں طنز وطعن کو خاموشی سے سنا مگر مجھ سے محبت نہیں کی۔'' (صغریٰ مہدی، ''جو بچے ہیں سنگ سمیٹ لو''، ناولستان، جامعہ نگر، نئی دہلی ۱۹۹۰، ص ۲۱)

صغریٰ مہدی کی تخلیقات نسائی جذبات و احساسات کی بہترین ترجمان ہیں۔ ایک مختصر سے مضمون میں ان تمام پر باتیں کرنا مشکل ہے۔ ان کے ناولوں میں دوسرے کئی پہلوؤں کے ساتھ عورت، اس کی زندگی، اس کے مسائل اور اس کے افکار و خیالات کی ترجمانی بخوبی ملتی ہے۔ صغریٰ مہدی کے ناولوں کے انوکھے اور نرالے موضوعات سے متاثر ہو کر عظیم الشان صدیقی رقم طراز ہیں:

> ''صغریٰ مہدی کے ناولوں میں اگرچہ بے وفا اور باوفا روایتی اور جدید مرد کردار ابھرتے ہیں جن میں علی جیسا مہذب اور شائستہ کردار بھی شامل ہے جو عشق میں ناکام ہونے کے بعد بھی خلوص و ہمدردی کا پیکر بنا ہوا نظر آتا ہے لیکن مرد کردار ان کا موضوع نہیں ہے۔ مرد کرداروں کے مقابلے میں ان کے نسوانی کردار زیادہ جاندار اور پرکشش ہیں جن کی پیچیدہ نفسیات کی عکاسی اور گتھیوں کو سلجھانے میں انھیں خاصی محنت کرنی پڑتی ہے۔ صغریٰ مہدی کے نسوانی کرداروں میں روایتی

عورت خال خال ہی نظر آتی ہے۔ان میں بیشتر تعلیم یافتہ روشن خیال اور ذہین ہیں جن کے لئے جنس شجر ممنوعہ کی حیثیت نہیں رکھتی ہے لیکن ان میں شالنی جیسی مغرور، خود پسند اور جنس کا سمبل یا عرشی جیسی آزاد مزاج، شادی کی انسٹی ٹیوشن پر یقین نہ رکھنے والی اور پسند آنے پر ہر مرد سے عشق کرنے والی لڑکیاں بھی کم نہیں ۔ یہاں صباحت جیسی ایسی شریف بی بی بھی کم نظر آتی ہے جوشوہر کی وفاداری اور عشق گم گشتہ کے ساتھ خلوص میں کوئی تضاد محسوس نہیں کرتی ہے اور زیبا جیسی عورت کا چہرہ بھی ایک آدھ بار ہی نظر آتا ہے جو زندگی بسر کرنے کے لئے محبت کے محور بھی بدل سکتی ہے اور پھر خود سے الجھتی رہتی ہے یا پھر وہ زہرا ہے جو جڑوں کی تلاش میں کھنڈروں کی خاک چھانتی پھرتی ہے اور ازدواجی رشتوں میں شیرینی کے ساتھ ترشی کی بھی قائل ہے۔'' (بحوالہ :اردو ادب میں تانیثیت ،ڈاکٹر مشتاق احمد وانی، ص:۵۵۳)

صغریٰ مہدی ناول نگار ہونے کے ساتھ ساتھ ایک کامیاب افسانہ نگار بھی تھیں۔ اکیسویں صدی کی خواتین افسانہ نگاروں میں صغریٰ مہدی بزرگ افسانہ نگار کی حیثیت رکھتی تھیں ۔ان کے افسانوی مجموعے ''پتھر کا شہزادہ'' اور ''جو میرے وہ راجہ کے نہیں'' زیور طباعت سے آراستہ ہو کر منظر عام پر آچکے ہیں۔ قارئین کے درمیان یہ مجموعے شہرت و مقبولیت بھی حاصل کر چکے ہیں۔

صغریٰ مہدی خواتین قلمکاروں میں ایک جانی پہچانی آواز تھیں۔ اگر چہ وہ اس منزل تک نہ پہونچ سکیں جہاں عصمت چغتائی اور قرۃ العین حیدر تھیں تاہم انہوں نے مقبولیت کی بہت سی سیڑھیاں چڑھیں۔ انہوں نے متنوع موضوعات پر افسانے لکھے ہیں ۔ وہ فرقہ وارانہ ہم آہنگی، انسان دوستی ،مذہبی رواداری اور خواتین کے عام نفسیاتی و جذباتی مسائل کو بڑے ہی پر اثر انداز میں کہانی کے روپ میں ڈھالتی ہیں۔ انسانی رشتوں، انسانی اقدار اور انسانی نفسیات پر ان کی گہری نظر ہے۔ ان کے افسانوں میں جہاں شاندار ماضی کی بازیافت کی کوشش نظر آتی ہیں، وہیں نئی نسل کی حال یا مستقبل سے متعلق سوچ اور نظریات بھی سامنے آتے ہیں۔ اس کی بہترین مثال ان کا افسانہ ''وہ بوڑھا'' ہے جو دونسلوں کے نظریاتی فرق کی نمائندگی کرتا ہے۔

صغریٰ مہدی اپنے افسانوں کا مواد اپنے اردگرد کے ماحول سے اخذ کرتی ہیں۔ مسلم معاشرے اور مسلمانوں کی تہذیب و ثقافت کو وہ اپنے نسوانی کرداروں کے سہارے پیش کرتی ہیں۔ انہیں عورت کی خارجی اور داخلی دونوں پہلوؤں کو قاری کے سامنے اجاگر کرنے میں مہارت حاصل ہے۔ وہ عورت کے

افکار و خیال کی ترجمانی بڑے ہی خوبصورت انداز میں کرتی ہیں۔ان کے افسانوں کی عورت اعتماد سے بھری ہوئی ہے۔وہ زندگی کے نشیب و فراز کا سامنا مستعدی سے کرتی ہے۔مثال کے طور پر ان کی کہانی ''فیصلہ'' کی انورادھا کو دیکھا جا سکتا ہے۔ جو اپنے بچپن کے ساتھی راہل کو ایک بار چھوڑنے کے بعد اس کا خیال تک میں نہیں لاتی اور جب راہل پچیس سال کی کوششوں کے باوجود اسے نہیں بھلا پاتا ہے اور اس کے پاس واپس آتا ہے تو انورادھا کے اوپر ماضی کی کسی بھی یاد کا سایہ نہیں ہوتا۔وہ پرانے رشتوں کو ختم کر کے بہت آگے نکل چکی ہوتی ہے۔جیسا کہ ان کے افسانے ''سمجھوتہ'' کی عورت اپنے وطن اور اپنی مٹی سے محبت کرتی ہے اور دولت و ترقی کے بعد بھی اپنی تہذیب و تمدن سے جڑی ہوتی ہے۔

صغریٰ مہدی کے افسانوں کے کردار متحرک ہوتے ہیں۔جنہیں وہ اپنے آس پاس کے ماحول سے اٹھاتی ہیں اور فنی چابکدستی سے افسانوی قالب میں ڈھال دیتی ہیں۔ان کا افسانوی اسلوب بیانیہ ہوتا ہے۔وہ کہانی کو بیانیہ کے سہارے قاری کو خود سے جوڑنے میں کامیاب ہو جاتی ہیں۔ان کی افسانوی خوبیوں پر نظر ڈالتے ہوئے ڈاکٹر ارشاد نیرؔ لکھتے ہیں:

> ''افسانہ لکھتے ہوئے وہ اپنے آپ کو مصنف نہیں ، بیان کنندہ سمجھتی ہیں اور ان کے افسانوں کا قاری بھی افسانہ پڑھتے ہوئے خود کو اپنے گھر کی فضا میں تصور کرتا ہے۔اسی طرح کہا جا سکتا ہے کہ ان کے یہاں خانگی بیانیہ Homely Narration ہے۔انہوں نے ریڈیو کی نشریات کے تقاضوں کو پیش نظر رکھ کر بھی افسانے لکھے ہیں،لہذا ان کے افسانے واقعی مختصر افسانے کی تعریف پر پورے اترتے ہیں۔اپنی افسانہ نویسی کے طویل سفر میں ان کا ذاتی تجربہ و مشاہدہ ہی ان کا زادِ راہ ہے اور اپنے اسی فنکارانہ خلوص کے سبب ان کے افسانے سب سے زیادہ پڑھے جاتے ہیں۔'' (اردو کی معروف افسانہ نگار اور ان کی خدمات ،ص:145)

صغریٰ مہدی ہندوستانی دیو مالا سے استعارات لے کر انہیں بڑے ہی فن کارانہ طریقے سے اپنی تخلیقات کی زینت بناتی ہیں۔ان کے افسانے ''بن باس'' کا ایک اقتباس ملاحظہ ہو:

> ''ماں کے الفاظ اس کے کان میں گونج رہے تھے........رام چندر جی نے اپنے ملک میں رہ کر دکھ اٹھائے ،تکلیفیں سہی ،اس کی خدمت کی۔ایسا راج جو 'رام راجیہ' کہلایا، جو آج بھی ترقی یافتہ زمانے میں حکومتوں کا آئیڈیل ہے اور تم عباس ماجد یہاں پڑے ہو۔زندگی کی آسائشیں حاصل کرنے کو، پیسہ بٹورنے کو،اپنے بچوں

کا مستقبل بنانے کو......اس نے گھبرا کر چاروں طرف نظریں دوڑائی۔سب کھڑکیاں دروازے بند تھے۔کمرے میں زیرو بلب کی مدھم، زرد روشنی پھیلی ہوئی تھی۔

دن بھر کی شدید محنت سے چوراس کی بیوی بے خبر پڑی سو رہی تھی۔اور بچے؟ اسے لگا کہ جیسے بچے اس کے پاس کھڑے اس سے سوال کر رہے ہوں کہ رام کو بن باس کیکئی نے دیا، اور ہمیں......؟ (افسانہ، بن باس)

''شہر آشوب'' ان کا ایک بہترین افسانہ ہے، جسے انہوں نے ساہتیہ اکیڈمی کے سیمینار میں سنایا تھا۔جس کے بارے میں صغری مہدی کو مخاطب کرتے ہوئے زاہدہ حنا نے کہا ہے کہ یہ وہ کہانی ہے ''جس میں ایک بہت بڑے لکھنے والے کی رخصت کا قصہ تھا۔تو کیا آپ کی اس کی کہانی کو ہم آپ کی روشن ضمیری کا عکس سمجھیں؟''

ان کی افسانوی تخلیقات کے حوالے سے پروفیسر خلیق انجم گویا ہیں:

''پروفیسر صغریٰ مہدی کے تخلیق کردہ افسانوں اور ناولوں میں اعلیٰ انسانی اقدار کا احترام اور سماجی اصلاح کا مثبت تعمیری جذبہ ہر جگہ نمایاں نظر آتا ہے۔انہوں نے انسانی معاشرے کے مختلف پہلوؤں کو موضوع بنا کر خوب صورت اور بامقصد افسانے تخلیق کیئے۔'' (روزنامہ راشٹریہ سہارا، ص:۲، ۲۰ مارچ ۲۰۱۴)

پروفیسر اسلم پرویز کا یہ خیال کتنا سچ ہے کہ ''پروفیسر صغریٰ مہدی اردو کی خواتین فکشن نگاروں میں ایک ممتاز حیثیت کی مالک تھیں اور ان کو یہ دولت ایک طرح سے وراثت میں ملی تھی۔ہمارے یہاں اردو میں اب ایسی خاتون فکشن نگار بہت کم رہ گئی ہیں اور نئی نسل میں کوئی بہت نمایاں نام نظر نہیں آتا اس اعتبار سے اُن کا دم غنیمت تھا۔'' لیکن آج ہم ان کی شخصیت سے محروم ہو گئے ہیں تو ان کا ادبی سرمایہ ہی ہمارے لئے سامان زیست ہے۔جس پر تحقیق کرنا اور اس کے اندر چھپے موتیوں کو تلاش کرنا ہی ان کو بہترین خراج عقیدت پیش کرنا ہوگا۔

◄◄ ● ►►

• ارشد جمیل

شمس الرحمٰن فاروقی: ایک مختصر جائزہ

گذشتہ نصف صدی سے شمس الرحمٰن فاروقی کا نام علم وادب میں محتاج تعارف نہیں ہے۔ وہ بیک وقت بلند پایہ ادیب جید ناقد، ممتاز ادبی صحافی، منفرد افسانہ نگار، باصلاحیت مترجم و باشعور مبصر ہیں۔ علمی تبحر، عمیق مطالعہ، ناقد، عروض داں ادیب وشاعر ہونے کے علاوہ اردو لفظیات پر عبور، تلفظات پر تحقیق نیز اردو، ہندی، فارسی، عربی، انگریزی، فرینچ زبانوں پر عبور رکھنے والے فاروقی صاحب آج ایک محقق اور صاحب طرز ادیب ہیں جنھوں نے اپنی علمی اور عملی زندگی کو خدمت ادب کے لیے وقف کر رکھا ہے۔

فاروقی صاحب اردو ماہنامہ ''شب خون'' الہ آباد کے بانی و مرتب ہیں۔ ''شب خون'' جیسے رجحان ساز و تاریخ ساز رسالے کی انفرادیت واہمیت کا ذکر دو چار جملے نہیں بلکہ ایک دفتر چاہتا ہے۔ فاروقی صاحب کی سرپرستی میں شائع ہونے والا رسالہ ''شب خون'' ان کے مضامین یعنی جدیدیت کی علمبرداری اور نئے ادبی مسائل پر بحث کے لیے تمام اردو دنیا میں مشہور ہے۔

اس رسالے نے اردو کے تمام جدید لکھنے والوں کو متاثر کیا اور جدید ادبی نظریات وتصورات کی ترویج واشاعت کی ہے۔ اس رسالے کی اہمیت وانفرادیت کا اندازہ اس بات سے لگایا جاسکتا ہے کہ اس کے بند ہو جانے کے قریب دس سال بعد بھی ادب کے سنجیدہ قاری وقلم کار ماتم کناں ہیں۔ فاروقی صاحب نے اس کے معیار ومزاج کی برقراری میں عمر عزیز کے چالیس سال لگادیے اور اس کے وسیلے سے لکھنے والوں کو نئی فکر، نئے رجحان واحساس سے نہ صرف روشناس کروایا بلکہ ان کی فکری وتخلیقی تربیت بھی فرمائی۔ زندگی کی راہ میں نئے انداز اور اسرار ورموز کی طرف توجہ دلائی تاکہ ادب وتنقید کی یہ روشنی اردو ادب کو اوج ثریا تک لے جاسکے۔

فاروقی صاحب اپنے منفرد تنقیدی اور ادبی شعور ورجحان کی وجہ سے ایک نمایاں حیثیت کے حامل ہیں۔ فاروقی صاحب کا قابل قدر وصف ان کا انداز بیان ہے۔ ادبی مسائل پر ان کی رائے بہت صاف اور سوچی سمجھی ہے اس لئے وہ اپنی بات وضاحت اور اعتماد کے ساتھ کہتے ہیں۔ ان کا انداز استدلالی ہے۔ وہ اپنی رائے کو دلیلوں سے مضبوط بناتے ہیں اور اس رائے کے خلاف جتنی باتیں کہی جاسکتی ہیں وہ خود ایک ایک کر کے پیش کرتے ہیں۔ اپنی پروقار علمیت، مدلل انداز تحریر اور منطقی مباحث کے ذریعہ اپنے قارئین و

سامعین کو اتنی شدت سے متاثر کرتے ہیں کہ ادیبوں اور شاعروں کا ایک بڑا حلقہ ان کے خیالات کی اشاعت وترجمانی میں شامل ہوگیا۔محض نئی نسل سے تعلق رکھنے والے ہی نہیں بلکہ بہت سے بزرگ شاعرو ادیب اور نقاد بھی ان کے ہمنوا بن جاتے ہیں۔انھوں نے مارکسی نظریات سے انحراف کر کے ایک جدید ادبی اور تنقیدی رجحان کی اشاعت کی طرف توجہ دی۔اور شاید یہ کہنا غلط نہ ہوگا کہ ان کی انفرادی وشعوری کوشش کے نتیجے میں ایک پوری تحریک ابھر کر سامنے آگئی جسے جدیدیت کی اصطلاح سے شہرت ملی۔فاروقی صاحب جدیدیت اور ادب کے مسئلے پر اظہار خیال کرتے ہوئے لکھتے ہیں:

''جدیدیت تمام فلسفوں اور نظریات حدود کے کے توڑنے کا نام ہیوابستگی ہی اس کی وہ خصوصیت ہے جو اسے پچھلے تمام ادبوں سے ممتاز کرتی ہے گذشتہ ادب سے اگر اس کا سلسلہ کہیں ملتا ہے تو وہ وہیں جہاں ادیب نظریے اور فلسفے سے بالاتر ہوگیا ہے۔'' (۱)

فاروقی صاحب کا تخلیقی ذہن جو نت نئے مباحث پیدا کرتا رہا اس کی وجہ سے آج بھی مختلف رد عمل سامنے آرہے ہیں۔غرض کہ فاروقی صاحب کے تنقیدی تصورات نے بحث کے اتنے پہلو پیدا کر دیے کہ اگر ان کے ہم خیالوں کا حلقہ بڑھا تو ان سے مخالفت کرنے والوں کی تعداد میں بھی اضافہ ہوتا چلا گیا۔

فاروقی صاحب کی تنقیدی بصیرت سے کوئی انکار نہیں کرسکتا۔لیکن ایسا بھی نہیں ہے کہ ہر شخص ان کے خیالات ونظریات سے سو فیصد متفق ہوں ۔ فاروقی صاحب کی تحریروں کے متعلق پروفیسر شارب ردولوی ''جدید اردو تنقید اصول ونظریات'' میں لکھتے ہیں۔

''شمس الرحمٰن کی طول بیانی اور سوال در سوال پیدا کرنے کا انداز اکثر کسی نہ کسی نتیجے پر پہنچنے میں مانع ہوتا ہے۔مضمون لکھتے وقت بعض وقت انھیں خود اس کا احساس ہوتا ہے کہ طوالت اور سوالات کی بہتات نے بات کو الجھا دیا ہے اور ایسی صورت میں قاری کی مدد کے لیے وہ تمام مباحث کو اختصار کے ساتھ نمبر دے کر دوبارہ قلم بند کرتے ہیں لیکن آگے جب بات شروع ہوتی ہے تو پھر وہ اسی طرح کی تفصیل اور سوالات کا شکار ہو جاتی ہے۔لیکن اس کے باوجود ان کی تحریریں ادب کے موجودہ مسائل پر گہری فکر اور توجہ کا نتیجہ ہیں۔'' (۲)

فاروقی صاحب کی تنقید کی بنیادی خوبی یہ ہے کہ یہ اختلاف اور مکالمے پر اکساتی ہے۔ان کے مضامین پڑھ کر اس بات کا احساس ہوتا ہے کہ ادب کے ترقی پسند یا مارکسی نظریے کی تردید ان کے بنیادی مقاصد میں سے ایک ہے۔یہ مخالفت بعض جگہ تقابلی بن گئی ہے۔بعض جگہ تاثراتی ،اور بعض جگہ توضیحی جس کی وجہ سے ان کے تنقیدی مضامین ذاتی پسند و ناپسند کی الگ شکل معلوم ہوتے ہیں۔جس کے نتیجے میں ان کے یہاں اکثر تنقیص ،نکتہ چینی اور رائے زنی کا پہلو پیدا ہوگیا ہے۔بعض جگہ ان کا تجزیاتی انداز سائنٹفک ضرور معلوم ہوتا ہے۔لیکن جذباتی لب ولہجہ کی وجہ سے دور تک وہ اس کا ساتھ نہیں دے پاتے۔جس کی طرف

اشارہ کرتے ہوئے پروفیسر عتیق اللہ صاحب اپنے مضمون ''تنقید در تنقید: در باب فاروقی'' میں لکھتے ہیں۔

''فاروقی جب بھی ایک کا تقابل کسی دوسرے کے ساتھ کرتے ہیں تو فاروقی کی تنقید کو دلچسپی سے پڑھنے والا طالب علم فوراً یہ سمجھ جاتا ہے کہ اب بجلی کس پر گرنے والی ہے۔ میر کے مطالعے کے دوران انھوں نے جتنے شعراء اور ان کے کلام کا حوالہ دیا ہے انھیں بڑے علمی اعتماد اور حسن و خوبی کے ساتھ میر کے سامنے چت کر دیا ہے۔ مثلاً فیض، فراق، مجاز یا افسانے کے بارے میں انہوں نے جو رائے قائم کی ہے اس نے بہتوں کو شدید صدمہ پہنچایا اور دراصل صدمہ پہنچانا ہی فاروقی کا مقصد بھی تھا۔ ممکن ہے فاروقی نے اپنی طرف متوجہ کرنے کی غرض سے یہ باتیں کہیں۔ بلاشبہ ان کا مقصد بعض چیزوں کو رد اور بعض چیزوں کو بحال بھی کرنا تھا۔ وہ جھوٹ جو بالغ ہو چکے تھے اور جن کی جڑیں گہری پیوست ہو گئیں تھیں انہیں اکھاڑ پھینکنا بھی ضروری تھا لہٰذا انھوں نے یقیناً بہت سے مغالطے رفع کیے ہیں۔'' (۳)

فاروقی صاحب کی تنقید نگاری کے بارے میں وارث علوی صاحب کو شکایت ہے کہ نہ صرف مختصر افسانہ بلکہ فراق اور منٹو کے بارے میں بھی انھیں فاروقی کے سخت بیانات سے تکلیف پہنچی ہے۔ اور یہ کہ فاروقی نے فراق اور منٹو وغیرہ کے تعلق سے رواداری سے کام نہیں لیا ہے۔ جب کہ فضیل جعفری ''کمان اور زخم'' میں لکھتے ہیں۔

''فاروقی نے فراق کے بارے میں یا پھر یگانہ کے بارے میں جو کچھ لکھا ہے وہ میرے لیے بھی اتنا ہی تکلیف دہ ہے جتنا وارث علوی کے لیے وجہ البتہ مختلف ہے۔ وارث علوی کو یہ غم ہے کہ ان کے محبوب فنکاروں کے ساتھ رواداری نہیں برتی گئی۔ مجھے کوئی غم ہے تو یہ کہ میرا محبوب نقاد جس نے بڑی محنت اور لگن سے تنقید کو خاصی حد تک سائنسی اور معروضی وقار بخشنے میں کامیابی حاصل کی تھی آخر کار خود کو اپنے تنقیدی اعتبار پر جذباتی انتہا پسندی کی کلہاڑی چلانے سے نہیں روک سکا۔'' (۴)

''فراق کے متعلق فاروقی کے ارشادات پر مزید تبصرے کی خاصی گنجائش ہے لیکن چونکہ یہ موضوع ایک علیحدہ مضمون کا متقاضی ہے۔ اس لیے فی الحال صرف اتنا کہہ دوں کہ اس قسم کے مضامین سے فاروقی کی تنقیدی ساکھ کو خاصا دھکہ پہنچا ہے۔ لوگ اب ان کی ایسی تحریروں کو پڑھ کر ہنستے نہیں تو مسکرانے ضرور لگے ہیں۔'' (۵)

اس میں کوئی دورائے نہیں کہ وہ زبردست عالم ہیں اور موجودہ عہد میں اردو کے دانشوروں میں سرفہرست ہیں۔ لیکن انھوں نے جب چاہا ادب کی کسی صنف، کسی تحریک، کسی تصور کو اپنے عین تصور کے مطابق بڑی ذہانت کے ساتھ الٹ پلٹ کر رکھ دیا اور جب چاہا اپنے ہی نظریے کی نفی کر کے پرانی بات دہرا دی یہ ذہانت کے کرشمے ہر کسی کے بس کی بات نہیں۔ انہوں نے فراق گورکھپوری کے تعلق سے جو مضامین قلم

بند کیے تھے اس پر تو بڑی لے دے ہوئی کہ فاروقی صاحب نے فراق کا موازنہ ناصر کاظمی اور احمد مشتاق سے کر ڈالا۔ لیکن آج تک اس کی رد میں کوئی ایسی تحریر سامنے نہ آسکی جو فاروقی صاحب کے معروضات کو دلائل اور حوالوں سے مسترد کر سکے۔ ان پر اب تک سوائے جذباتی اور تاثراتی بیانات کے کچھ بھی ایسا نظر نہیں آیا جو فاروقی صاحب کے دعوے کی تردید کرتا ہو۔

ہمارے یہاں اکثر نقادوں کے پاس ابھی تک تنقید کے طے شدہ فارمولے اور بنے بنائے سانچے ہیں جن میں صرف وہی نام فٹ آتے ہیں جو ان کے گروہی نظریات و افکار کے عین مطابق اور ذاتی مفادات وتعلقات کے دائرے میں آتے ہوں۔ شخصیت پرستی، گروہی عصبیت اور انتہائی جانب دارانہ توصیف یا تنقیص، ذاتی پسند اور ناپسند کی بنیاد پر ادبی فیصلے کرنے کا جو چلن ہے کیا اسے تنقید کا بحران کہا جائے؟ سچ تو یہ ہے کہ اس طرز عمل نے اردو ادب کو بہت نقصان پہنچایا ہے۔ بلاشبہ ان باتوں کا اطلاق تمام نقادوں اور ادیبوں پر نہیں ہوتا۔ ایسے وسیع المطالعہ، وسیع النظر اور صاحب علم نقاد بھی ہیں جو عصری و ادبی تقاضوں کا مکمل ادراک وفہم رکھتے ہیں ان پر یہ ذمہ داری عاید ہوتی ہے کہ وہ فاروقی صاحب کی ذاتی زندگی سے قطع نظر ان کے ادبی کارناموں کا سنجیدگی سے مطالعہ کریں۔

فاروقی صاحب پر متفرق طور پر بہت کچھ لکھا گیا ہے کئی کتابیں بھی ہیں جس میں خود فاروقی صاحب کی بعض نادر تحریریں بھی شامل ہیں لیکن ان تمام تحریروں میں فاروقی صاحب کی زندگی ان کی شخصیت اور شخصیت کے ناپسندیدہ پہلوؤں پر ان کے ادبی کارناموں سے زیادہ لکھا گیا ہے۔ ہماری کم نصیبی کہ ہم نے فاروقی صاحب پر اس طرح توجہ نہیں دی جس کا بجا طور پر استحقاق رکھتے ہیں۔ ان کی شخصیت اور ذاتی زندگی کے بارے میں جھوٹی سچی کہانیاں تو زیر بحث آتی رہیں مگر ان کے ادبی کام پر سنجیدگی سے نہیں لکھا گیا۔ جب کہ مجھے آج تک ان کا کوئی ایسا مخالف نہیں ملا جو ان کی علمیت، انسانیت اور عالمانہ فضیلت کا معترف نہ ہو۔

انھوں نے گذشتہ پچاس برسوں میں تقریباً پچاس کتابیں لکھی ہیں جن میں خاص طور سے لفظ و معنی، شعر غیر شعر اور نثر، افسانے کی حمایت میں، تنقیدی افکار اور شعر شور انگیز وغیرہ ایسی کتابیں ہیں جن کے ذریعہ اردو تنقید کا مزاج ورجحان بدل گیا۔

یہ ان کی غیر معمولی تخلیقی وتنقیدی صلاحیت کا اثر ہے کہ اثبات ونفی، اردو کا ابتدائی زمانہ وافسانوں کا مجموعہ ''سوار اور دوسرے افسانے'' شاعری کا مجموعہ سبز اندر سبز، گنج شوختہ، آسماں محراب وغیرہ نے اردو ادب میں ان کی شخصیت کو مزید مضبوط اور مستحکم بنا دیا ہے۔ اس کے بعد بھی ادب میں فاروقی صاحب کی متعدد فکر انگیز کتابیں منظر عام پر آئیں جن میں ایک مشہور ناول ''کئی چاند تھے سر آسماں'' بھی سرفہرست ہے۔ اور لکھنے پڑھنے کا یہ سلسلہ ہنوز بدستور جاری ہے۔

فاروقی صاحب ان خوش نصیب فنکاروں میں سے ہیں جو اپنی زندگی میں ہی شہرت و مقبولیت میں بام عروج پر پہنچ گئے۔ان کو دنیائے ادب کے ان سبھی قومی و بین الاقوامی اعزازات و انعامات سے نوازا گیا جو ادباء و شعراء کے لیے باعث عزت و افتخار سمجھا جاتا ہے۔

۱۹۹۶ء میں ''سرسوتی سمان'' جو برصغیر کا سب سے بڑا ادبی اعزاز ہے فاروقی صاحب کی شاہکار تصنیف ''شعر شور انگیز'' پر دیا گیا۔اردو ادب کے لیے یہ بڑے فخر کی بات ہے کہ اردو کے کلاسیکی شاعر میر تقی میر پر اتنا بڑا اسمان دیا گیا۔فاروقی صاحب نے اس کارنامے سے ثابت کر دیا کہ ہمارا کلاسیکی ادب دنیا کی دوسری ترقی یافتہ زبانوں کے مقابلے کسی طرح کم نہیں ہے۔

۲۶ فروری ۲۰۰۲ء کو علی گڑھ مسلم یونیورسٹی نے اپنی ۵۳ ویں سالانہ جلسہء تقسیم اسناد میں فاروقی صاحب کی علمی و ادبی خدمات کے اعتراف میں انھیں ''ڈی۔لٹ'' کی اعزازی ڈگری سے سرفراز کیا۔

اس کے علاوہ مولانا آزاد نیشنل اردو یونیورسٹی حیدرآباد نے بھی ۲۰۰۶ء میں انہیں ''ڈی۔لٹ'' کی اعزازی ڈگری سے نوازا۔۲۰۰۹ء میں حکومت ہند نے ہندوستانی ادب کے خدمات کے اعتراف میں ہندوستان کا چوتھا سب سے بڑا Civillian Award ''پدم شری'' فاروقی صاحب کو دیا گیا۔ان کی علمی اور ادبی شخصیت کا اعتراف کرتے ہوئے پاکستانی حکومت نے بھی پاکستان کے دوسرے سب سے بڑے Civillian Award ''ستارہ امتیاز'' سے نوازا۔

لہٰذا ضرورت اس بات کی ہے کہ فاروقی صاحب پرستے اور سطحی تبرّے کے بجائے ان کا معروضی مطالعہ کیا جائے اور ان کے ادبی کارناموں کی روشنی میں ان کی قدر و قیمت اور اہمیت کو واضح کیا جائے۔

حوالہ جاتی کتب

۱۔جدیدیت اور ادب مرتب آل احمد سرور ایجوکیشنل پبلشنگ ہاؤس نئی دہلی

۲۔جدید اردو تنقید اصول و نظریات پروفیسر شارب ردولوی اتر پردیش اردو اکادمی ۲۰۰۲ء ص ۵۰۴

۳۔کاروان ادب (خصوصی شمارہ) مرتبین کوثر صدیقی جاوید یزدانی ۲۰۰۳ء ص ۲۱۰

۴۔کمان اور زخم فضیل جعفری قومی کونسل برائے فروغ اردو زبان نئی دہلی ۲۰۰۸ء ص ۲۷۳

۵۔کمان اور زخم فضیل جعفری قومی کونسل برائے فروغ اردو زبان نئی دہلی ۲۰۰۸ء ص ۲۷۸

● پروفیسر علی رفاد فتیحی

جانکی اور نسائی جنسیت کا شعور

منٹو کی کہانی جانکی میں ایک عام سی عورت کی عام سی زندگی کی تصویر اس طرح نقش ہوتی ہے کہ ایک خوبصورت کہانی تخلیق ہو جاتی ہے۔ اور اس پر طرہ یہ کہ کہانی کا بظاہر کوئی خاص تانا بانا نظر نہیں آتا۔ کوئی ایسا واقعہ نہیں کہ تجسس بنا رہے کہ آگے کیا ہوا۔ مگر پھر بھی یہ ایک مضبوط کہانی اس لئے بن گئی کیوں کہ اس کے بیانیہ میں واقعات و حالات میں تبدیلی صاف طور پر نظر آتی ہے۔ جہاں ایک بھی واقعہ ہوتا ہے، وہاں ایک کہانی ہوتی ہے اور ایک واقعہ سے دوسرے واقعہ میں منتقلی بیانیہ کو مضبوط بناتی ہے، اس پس منظر میں جب ہم جانکی پر نظر ڈالتے ہیں تو محسوس ہوتا ہے کہ اس افسانہ میں جانکی کا کردار عورتوں کی اس روایتی تصویر سے مختلف ہے۔ جانکی ایک آزاد و خود مختار وجود ہے اور اپنے ہر عمل کے فیصلے آزادانہ طور پر کرتی ہے اور اپنے ہر عمل میں پر خلوص نظر آتی ہے۔

لیکن جانکی پر کسی بھی گفتگو سے پہلے شاید یہ سمجھنا ضروری ہے کہ ہندوستان میں عورتوں نے کس طور پر نسائیت کے ارتقائی سفر اور نسائیت کی تبدیل شدہ شناخت کو کن تصورات سے ہم آہنگ کیا ہے۔ یا پھر یہ کہ آج عورتین کس طور پر اپنی انفرادی نسائی شناخت کو اظہار ذات کے بیانیہ میں تبدیل کر پاتی ہیں۔

بیسویں صدی کی پہلی دو دہائیوں میں یہ سوال اور بھی اہم ہو جاتے ہیں کیوں کہ اس دور میں نئے تصورات کا اظہار زمان و مکان کے تقاضے کے طور پر دیکھا جاتا رہا ہے۔ یہی وجہ ہے کہ اس دور میں عورتوں پر لکھی گئی زیادہ تر کہانیوں میں نئے تصورات کو براہ راست نہیں پیش کیا گیا ہے بلکہ اس کے اظہار کے لیے نسائی جنسیت کے حوالے پیش کیے گئے ہیں جو نئے خیالات کے نسائی شناخت کا تصور پیش کرنے میں کارگر ثابت ہوتے ہیں۔ نسائی جنسیت کا یہ نیا تصوّر نئے ہندوستان کی تصویر سے مکمل ہم آہنگی رکھتا ہے۔ گو یہ حقیقت ہے کہ نسائی جنسیت کا تصوّر واحد ایسا وسیلہ نہیں ہے جس کے ذریعے تبدیل شدہ نسائی شناخت کی تصویر پیش کی جاسکے۔ لیکن اس کے باوجود نسائی جنسیت کو جا بجا نئے تصورات کے اظہار کا وسیلہ بنایا گیا۔

اس پس منظر میں زیرِ نظر تجزیہ جانکی کے بیانیہ کو نسائی ڈسکورس کے حوالے سے سمجھنے کی کوشش کرتا ہے تاکہ نسائیت اور نسائی شناخت کے ارتقائی سفر کو بخوبی سمجھا جا سکے۔ بیسویں صدی کی پہلی دہائی تک نسائی جنسیت کو ایک مغربی تصوّر سمجھا گیا۔لیکن اس کا یہ قطعی مفہوم نہیں کہ مغربی ادب سے مکمل ہم آہنگی سے پہلے ہندوستانی ادب میں جسمانی یا ذہنی رشتوں، جنس یا نسائی جنسیت کے حوالے نہیں ملتے ہیں لیکن یہ بھی سچ ہے کہ مغربی ادب کے زیرِ اثر ہندوستانی ادب اور بالخصوص اردو ادب میں جنس کے روائتی تصوّر سے گریز کی صورت ملتی ہے۔ شائد یہی وجہ تھی کہ بیسویں صدی کی پہلی دہائی میں ایسی کئی کہانیاں سامنے آئیں جنھوں نے نسائی جنسیت کے ایسے کئی پہلوؤں کو اجاگر کیا جواب تک مخفی اور پوشیدہ تھے۔ اس تبدیلی کی بنیادی وجہ وہ نئی نسائی شناخت تھی جو بتدریج قبولیت کے مرحلے سے گزر رہی تھی۔ جدیدکاری کے اثرات نہ صرف عوامی سوچ یا پبلک ڈومین (public domain) میں نظر آرہے تھے بلکہ خواب گاہ بھی اس کے اثرات سے اچھوتے نہ تھے۔جس کے زیرِ اثر نسائی جنسیت پر بھی اس کے اثرات نمایاں طور پر نظر آنے لگے۔

ہندوستان کے روائتی ادب پر مردانہ تعصب وتسلط (Male Chauvism) پر مبنی سوچ اور رویے کے اثرات واضح طور پر نظر آتے ہیں۔روائتی ادب میں عورتیں دوہرے، بلکہ تہرے جبر کا شکار نظر آتی ہیں۔کام کرنے کی جگہ، معاشرے اور خاندان میں عورتوں کو نہ صرف متعصّبانہ رویوں کا نشانہ بنایا جاتا ہے بلکہ جنسی طور پر ہراساں کیا جاتا ہے۔

روائتی تجارتی سوچ کا المیہ یہ ہے کہ وہ عورت کو تجارتی مال (commodity) اور کاروباری تشہیر کے ایک ذریعے سے زیادہ خیال نہیں کرتی۔اگر مذہبی سوچ عورت کو ذاتی ملکیت اور غلام تصور کرتی ہے تو آزاد خیال اشرافیہ اسے کاروبار کی تشہیر کے لئے ایک آلہ کار کے طور پر استعمال کرتے ہیں۔اگر رجعی ذہنیت رکھنے والوں کا عورتوں پر ظلم وجبر غیر انسانی فعل اور غلامی ہے تو عورتوں کے جسموں کو اشیاء بیچنے اور منافع کمانے کے لئے استعمال کرنا بھی ان کی نجات نہیں ہے

اس کے برعکس جانکی میں جانکی کا کردار روائتی نسائی شناخت سے مکمل انحراف ہے۔اور ایک ایسی نسائی شناخت کی تصویر پیش کرتا ہے جو معاشرتی اور اخلاقی ضوابط سے بے نیاز ہے اور دورِ حاضر کے نیے تصوّرات سے مکمل ہم آہنگی رکھتا ہے۔گویا جانکی کا کردار پیراڈائم شفٹ کا اعلانیہ ہے۔ جانکی کا بیانیہ نسائی جنسیت اور تصورِ نسائیت کے متعلق ہم عصر تصّورات پیش کرتا ہے اور مردانہ تعصب وتسلط پر مبنی کی منفی سوچ اور رویے پر سوال اٹھاتا ہے۔ یقیناً ان female of trajectory normative development

انقلابی تصوّرات کی قبولیت مشکوک ہوتی ہے۔ شائد یہی وجہ ہے کہ جانکی کا کردار بھی اس طور پر نہیں دیکھا جاسکا جس کا وہ مستحق تھا۔ آج جانکی کا کردار نہ صرف ہمیں تصوّرِ نسائیت کے ارتقائی سفر کو سمجھنے میں معاون ثابت ہوتا ہے بلکہ نسائیت اور نئے تصوّرات کے آپسی رشتے کو بھی سمجھنے میں اس سے مدد ملتی ہے۔ افسانوی ادب کے نسائی کردار سماجی رشتوں کو سمجھنے میں ہمیشہ کارگر ثابت ہوتے ہیں کیونکہ ان نسائی کرداروں کی شخصیت کی لچک انھیں کبھی پری موڈرن (Pre-modern) معصوم 'نوسٹلجک (Nostalgic) روائتی تصویر میں پیش کرتی ہے تو کبھی موڈرن (modern) عصری تصویر میں۔ میری نظر میں جانکی میں نیے تصورات کی نسائی شناخت شعوری یا "constructionist" ہے۔ کیونکہ نیے تصورات کے شعور کے اظہار کے لیے جانکی تین مردوں: عزیز، سعید اور نرائن سے محبت کرتی ہے۔ عزیز اور سعید سے بیک وقت اور نرائن سے اس وقت جب عزیز اور سعید اسے چھوڑ جاتے ہیں۔ افسانے میں جانکی کی پہلی دو محبتوں کی تفصیل ملتی ہے اور تیسری محبت کی محض قوی شہادت پیش کرنے پر اکتفا کیا گیا ہے۔ جانکی کا بہ یک وقت دو مردوں سے محبت کرنا اور اور ان سے مایوس ہونے کے بعد پھر نرائن کی محبت میں مبتلا ہونا، سماج کی حاوی اخلاقی آئیڈیالوجی کی رو سے سخت معیوب ہے کیونکہ عورتوں کی طرف تعصب وتفریق پر مبنی رویے ان سماجی رشتوں سے برآمد ہوتے ہیں جو لالچ اور ہوس پر مبنی معیشت تخلیق کرتی ہے۔ لہٰذا یہ رویے جو سماجی نفسیات میں گہری سرایت کر چکے ہیں دراصل اس سماجی نظام کی پیداوار ہیں جو انہیں پروان چڑھاتا ہے۔ جانکی کا طرزِ عمل مشرقی عورت کے اس تصور سے بری طرح متصادم ہے، جس کے مطابق عورت زندگی میں فقط ایک مرتبہ محبت کرتی ہے اور پھر پوری عمر اس محبت کے استحکام یا اس کی یاد میں بہ خوشی بسر کردیتی ہے۔ اس مشرقی روائتی نظام میں گھریلو کام کاج اور خواتین کی جانب سے کی جانے والی دوسری کئی طرح کی محنت ومشقت کا کوئی معاوضہ نہیں ہوتا۔ گھربار اور اہلِ خاندان کا خیال رکھنا، بچوں کی پرورش اور تربیت اور اس طرح کے دوسرے بے شمار کام یہ نظام عورتوں سے بلا اجرت لیتے ہوئے ان کے سماجی رتبے اور معاشی حالات میں ابتری کا باعث بنتا ہے اردو کے روائتی افسانے عام طور پر عورت کے اسی تصوّر کو پیش کرتے ہیں۔

منٹو نے اس افسانے میں جانکی کے کردار کے ذریعے اس تصوّر کو بلند بانگ انداز میں ردّ کرنے کا بیانیہ پیش کیا ہے۔۔ نسائیت کے اس نیے تصوّر کے مطابق عورت ایک وقت میں ایک سے زائد مردوں سے محبت کرسکتی ہے اور اپنی ہر محبت میں ایک جیسی گرمیِ جذبات کا مظاہرہ کرسکتی ہے۔ جانکی جس اخلاص کے ساتھ عزیز کو خط لکھتی ہے، اسی اخلاص کے ساتھ سعید کو ٹیلی گرام پہ ٹیلی گرام بھیجتی ہے اور اسی گرمیِ جذبات کا مظاہرہ وہ نرائن کو بالآخر اپنانے کی صورت میں بھی کرتی ہے۔

اگر اس تھیم کو منٹو کے تصوّرِ نسائیت اور نسائی جنسیت کے بیانیے سے ہٹ کر دیکھیں تو جانکی ایک عیاش عورت کے طور پر سامنے آتی ہے،لیکن اگر اسے افسانے کے تصوّرِ نسائیت اور نسائی جنسیت کے بیانیاتی تناظر میں دیکھیں تو وہ محض ایک جوان عورت ہے جو اپنی ذات کا اثبات ایک مرد کے ساتھ پرخلوص رشتے کی صورت میں دیکھتی ہے۔اس کے لیے اصل اہمیت ''پرخلوص رشتے'' کی ہے۔

جانکی کو نسائیت کے ساختیہ کے طور پر دیکھنے کی صورت میں محسوس ہوتا ہے کہ دورِ حاضر میں تصوّرِ نسائیت ایک ایسا تصوّر ہے جس کے سامنے مرد کا انفرادی وجود پرچھائیں سے زیادہ اہمیت نہیں رکھتا۔جانکی کے نزدیک تینوں مردوں کی انفرادی شخصیتیں ایک لحاظ سے بے معنی ہیں۔عزیز شادی شدہ ہے لیکن اس کے باوجود extra marital affair میں یقین رکھتا ہے۔جانکی اس حقیقت سے واقف ہونے کے باوجود اپنے رشتے میں پرخلوص ہے کیونکہ وہ عزیز کی بیوی کو بدمزاج سمجھتی ہے۔سعید عیاش اور بد مزاج ہے، اور اس کی بدمزاجی جانکی سے اس کے رشتے میں واضح طور پر نظر آتی ہے۔جانکی کی نظر میں نرائن کی شخصیت بے معنی ہے۔لیکن حقیقتاً وہ لاابالی لیکن caring ہے۔ افسانہ جانکی کے کرداروں کو اگر ذرا مزید گہرائی سے دیکھیں تو معلوم ہوتا ہے کہ خود جانکی کا کردار تصوّرِ نسائیت اور نسائی جنسیت کے تصوّر سے مستحکم ہوتا ہے۔یہی وجہ ہے کہ وہ اپنے تصور نسائی جنسیت کو اپنے رشتوں میں آڑے آنے نہیں دیتی۔ جانکی کی نسائی جنسیت کا یہ تصوّرِ نسائی جنسیت کے متعلق روائتی سوچ کے خلاف ایک احتجاجی آواز ہے۔ جانکی کی یہ سوچ گنجلک نظر نہیں آتی بلکہ افسانے میں جابجا اس سوچ کا اظہار کرتی ہے۔ افسانے میں جب وہ یہ کہتی ہے:

''بچے پسند ہیں لیکن کون پالتا پھرے۔''

میں نے کہا:''آپ کو معلوم ہے اس طرح بچے ضائع کرنا جرم ہے۔''

وہ ایک دم سنجیدہ ہو گئی۔''سعادت صاحب میں پوچھتی ہوں،اس میں جرم کی کون سی بات ہے ،اپنی ہی تو یہ چیز ہے اور قانون بنانے والوں کو یہ بھی معلوم ہونا چاہیے کہ بچہ ضایع کرتے ہوے تکلیف کتنی ہوتی ہے۔''

اس مکالمے میں وہ ایک مضبوط اور انحراف پسند شخصیت کے طور پر ابھر کر ہمارے سامنے آتی ہے۔جانکی کی نظر میں جنسی خواہش کی تکمیل کے جذبے کا مقصد حیاتی قطعی نہیں ہے۔اس کی نظر میں اس خواہش کی کبھی کبھار تسکین ہوتی رہے تو کافی ہے۔لیکن نفسانی خواہش کے حیاتی مقصد سے وہ واضح لفظوں میں انکار کرتی ہے۔اس کے برعکس قدیم وحشی تہذیبوں میں جنسی تعلقات جانوروں کے سے تھے۔قوت

شہوانی مرد کی امتیازی خصوصیت تھی اور عورت محض لذت کشی کا آلہ اور بچے جننے کی مشین تھی کیونکہ بوقت ضرورت اس خواہش کی تکمیل سے

انسانی نسل قائم رہتی ہے۔ یہ ایسے حقائق ہیں جن سے ہر کس و ناکس واقف ہے۔اس طرح یہ حقیقت بھی سب پر آشکارا ہے کہ جنسی خواہش کی تکمیل سے بے حد مسرت حاصل ہوتی ہے اور انسان کا ذہن اس راحت کو اس قدر پر کیف اور گونا گوں بنا دیتا ہے کہ اسے بھوک اور پیاس سے تشبیہہ دینے لگتا ہے انسانی تہذیبوں کی تاریخ کے مطالعے سے اندازہ ہوتا ہے کہ قدیم مرد، جنس اور مذہب میں بہت قریبی رشتہ سمجھتا تھا۔ رومن مذہبی عقیدے کے مطابق محبت کی دیوی وینس (Venus) یا زہرہ، اناج کی دیوی سیریز (Ceres) وغیرہ کی آفرینش اور فرائض کا تعلق جنسیات سے تھا۔اسی طرح ہندو مذہبی عقیدے میں کامدیو اور ریتی کا تعلق جنسیات سے تھا۔ آج بھی اگر ہندوستان کی لوک مذہبی رسومات کو دیکھا جائے تو معلوم ہوتا ہے کہ زمین کی زرخیزی، سورج کی زندگی بخش روشنی اور دوسری مادی مظاہر فطرت کو پیچیدہ اور مسرت بخش نفسیاتی جذبات اور پراسرار جنسیت اور مادریت سے براہ راست وابستہ سمجھا جاتا ہے گویا جنسیت انسانی ذہن مین ایک نمایاں حیثیت رکھتا ہے۔

یہی وجہ ہے کہ اس افسانے میں جانکی کا کردار اپنے انقلابی اور آزادانہ جنسی رویّوں کے حوالے سے ہی سمجھا جا سکتا ہے۔افسانے میں بطور ایک Protagonist جانکی اپنی اس ''انحراف پسند شخصیت'' کو اپنے کردار پر حاوی نہیں ہونے دیتی یہی وجہ ہے کہ وہ عورت کی روایتی نسائی شناخت پر ضرب لگانے کے باوجود ہمارے دل میں اپنے لیے نفرت نہیں ابھارتی۔ افسانے کی قرات میں ہم اسے نظر انداز کرنے یا مسترد کرنے پر خود کو آمادہ نہیں کر پاتے۔وہ اگر ہمارے دل میں اپنے لیے ہمدردی نہیں ابھارتی، تو حقارت کو بھی تحریک نہیں دیتی۔۔جانکی کا کردار اپنے وجود کی خود مختاری کو منوانے سے عبارت ہے۔وہ اپنے جسم اور وجود کو اپنی ملکیت سمجھتی ہے، اور اس ملکیت کے سلسلے میں وہ سماج اور اس کی اخلاقیات کی حاکمیت کو قبول کرنے سے انکار کرتی ہے۔مگر دل چسپ بات یہ ہے کہ وہ بہ طور کردار اپنی خود مختاری پر اصرار کے بجاے اس کی قربانی دیتی ہے اور اسی بنا پر اپنے رشتوں کو نبھانے میں کام یاب ہوتی ہے۔ وہ عزیز، سعید اور نرائن سے تعلق میں کسی بھی وقت اپنے کو نہ تو مقابل لاتی ہے اور نہ اس کے استحکام کی کسی کوشش میں مصروف نظر آتی ہے۔حقیقت یہ ہے کہ خود اپنی شحصیت کو پس پشت ڈالنے کا مطلب یہ باور کرانا ہے کہ مرد عورت کے رشتے میں شخصیت منہا ہو جاتی ہے۔مردوں کی شخصیتوں کے متعلق اس کا رویّہ مثبت نظر آتا ہے۔

- عزیز صاحب ہمیشہ کہتے رہے جانکی کم کھایا کرو پر میں نے ان کی ایک نہ سنی۔

• ہر خط میں تاکید ہوتی تھی کہ عزیز اپنی صحت کا خیال رکھیں
• شروع شروع میں میرا خیال تھا کہ جانکی عزیز کے متعلق جو اتنی فکر مند رہتی ہے محض بکواس ہے،۔بناوٹ ہے،۔لیکن آہستہ آہستہ میں نے اس کی بے تکلف باتوں سے محسوس کیا کہ اسے حقیقتاً عزیز کا خیال ہے۔

اس کی شخصیت کا یہ پہلو اس کے کردار کو پیچیدہ بنا دیتا ہے کیوں کہ ایک عام سی عورت کی عام سی زندگی کی تصویر جانکی اپنی اس ''انحراف پسند شخصیت'' کو اپنے کردار پر حاوی نہیں ہونے دیتی۔اس سے اندازہ ہوتا ہے کہ جانکی ایک ایسا کردار ہے جس کے اوصاف پیچیدہ اور ہماری عمومی فکر کے طرز کو چیلنج کرنے والے ہیں یہی وجہ ہے کہ ہم آسانی کے ساتھ جانکی کے کردار پر کوئی حکم نہیں لگا پاتے۔

اس افسانے میں زبان و بیان کی سطح پر منٹو نے کچھ ایسے لسانی تجربے کیے ہیں جو موضوع سے مطابقت رکھتے ہیں۔لفظوں، فقروں، اشاروں، کنایوں، تشبیہوں، استعاروں اور ساختیوں کے استعمال کا یہی مخصوص اور منفرد انداز منٹو کو دوسروں سے جدا کرتا ہے۔منٹو کے افسانوی فن کو اگر اسلوب اور اظہار کے ان وسائل کے نقطہ نظر سے پرکھنے اور جانچنے کی کوشش کی جائے تو سب سے پہلی چیز جو پڑھنے والے کو شدت کے ساتھ متاثر کرتی ہے، وہ منٹو کا اسلوب بیان ہے۔منٹو کے پاس معمولی سے معمولی بات کے اظہار کے لیے ایک غیر معمولی انداز موجود ہے۔

مثلاً اس افسانے میں دو بار ایک ایسی شلوار کا ذکر ہوتا ہے جو جسم سے آزاد ہے۔افسانے میں جسم سے آزاد یہ شلوار نسائی جنسیت کی بے باکی اور خود مختاری کا اعلانیہ بن کر سامنے آتی ہے۔ شلوار کا زیب تن نہ ہونا نسائی جنسیت اور تصور نسائیت کے متعلق ہم عصر تصوّرات کا ساختیہ بن جاتا ہے۔اور افسانے کے بیان کنندہ کی پیش کی گئی تعبیر میں بیان ہو جاتا ہے جانکی میں یہ ساختیہ پورے افسانے میں ریزوں کی صورت بکھرا ہوا ہے اور اسے تنکا تنکا جمع کرنا پڑتا ہے، تاہم اس کی تائید افسانے کی مجموعی صورتِ حال سے ہوتی ہے۔

ہر ساختیہ ایک منفرد اور مخصوص زمانی و مکانی صورتِ حال میں پیش ہوتا ہے اور تشکیل پاتا ہے، اس لیے خاص ہوتا ہے مگر اس میں اپنے حدود کو پھلانگنے کے

''ساختیاتی امکانات'' ہوتے ہیں۔اگر ایسا نہ ہو تو یہ ساختیہ نہیں ہے۔دوسری طرف منٹو افسانے کے خاتمہ کو اس ساختیہ کی مدد سے افسانے کے منطقی ربط کی آخری کڑی بنا کر جو کہانی کی تمہید سے شروع ہو کر برابر زیادہ منظّم بنتا رہا تھا، افسانے کی فنی زنجیر کو مکمل کر لیتا ہے۔اس افسانے کے خاتمہ کی ایک نفسیاتی اور جذباتی حیثیت ہے اور دوسری فنی۔منٹو نے جذبات، نفسیات اور فن کے رشتے جوڑنے اور انہیں

مضبوط بنانے میں اس افسانے کے انجام سے اسلوبی اور منطقی کام لیا ہے۔ اس افسانہ کے انجام میں وہی تازگی وتوانائی ہے جو اس کے آغاز میں تھی اور یہ نتیجہ ہے افسانہ نگار کی اس فنی توانائی کا جو ہر مرحلہ پر اور ہر منزل میں اس کی ہم عناں اور ہم سفر ہے۔ جانکی اپنی آزادی کا شعور رکھتی، اس شعور کا اظہار کرتی اور اسے اپنے آزادانہ فیصلے کرنے میں بروے کار بھی لاتی ہے، مگر اس ردّعمل کو بھی اپنے شعور سے برابر متصادم دیکھتی ہے، جو اس کی آزادی کے ضمن میں سماج ظاہر کرتا ہے۔ اسی تصادم کے جواب میں وہ ایک ایسی شلوار سے جو زیب تن نہیں ہے اپنی خودمختاری کا اعلان کرتی ہے۔

◄◄ ● ►►

• سلیم خاں

پیغام آفاقی کا ناول ''پلیتہ''

پیغام دہلی کے اپنے مکان سے نکلے تو سیدھے انڈمان پہنچے۔ اس دور دراز کے سفر سے واپس آنے میں انہیں ۲۶ سال کا طویل عرصہ لگا۔ لیکن جب لوٹے تو ان کے بغل میں ''پلیتہ'' تھا جس کی بابت ناول کے ہیرو خالد سہیل کے حوالے سے وہ فرماتے ہیں۔

'' ایٹمی توانائی سے بھرپور ایک گولہ اس کتاب میں بند ہے جو اس کی میز پر پڑی تھی اور جو خالد کے ذہن کا مکمل عکس تھی۔''

پیغام آفاقی کے ذہن کا یہ عکس اس قدر دھماکہ خیز تھا کہ خالد سہیل خود بھی اس کی زد میں آ کر دار فانی سے کوچ کر گیا مگر اس کے باوجود اس کی تصنیف حیات جاودانی سے سرفراز ہوگئی۔ اردو ادب میں ان دھماکوں کا ارتعاش تا دیر محسوس کیا جائے گا۔ اور ''مکان'' ہی کی طرح اس کے تراجم ہندی، انگریزی اور دیگر زبانوں میں دستیاب ہوں گے اس لئے کہ ہر لحاظ سے اس تصنیف کو اپنے پیش رو پر فوقیت حاصل ہے۔

''مکان'' عہد حاضر کا ناول ہے۔ اس میں زمانہ نہیں بدلتا۔ اس کے برعکس ''پلیتہ'' کو تین حصوں میں تقسیم کیا جا سکتا ہے۔ ماضی کی نمائندگی شیر علی کرتا ہے اور حال کا نمائندہ خالد سہیل ہے۔ اس کے علاوہ مستقبل کا ہیرو جیلانی بھی اس میں موجود ہے۔ ان تینوں زمانوں کا فرق ہی دراصل ان تینوں حصوں کے اسلوب بیان میں اختیار کیا گیا ہے۔ ماضی دراصل ٹھوس مادہ ہے جس میں کوئی تبدیلی واقع نہیں ہوتی۔ جو گزر گیا وہ وقت کے قرطاس پر ثبت ہو گیا۔ اب وہ ایک ایسی پتھر کی لکیر ہے جو حذف و اضافہ کی صلاحیت سے محروم ہے۔ پیغام آفاقی نے ماضی کے کالا پانی کی بنیاد ٹھوس تحقیق و تفتیش اور حوالہ جات پر جمائی ہے۔

حال ایک سیال مادے کی مانند ہوتا ہے جو اس قدر لچکیلا ہوتا ہے کہ بآسانی اپنے برتن کا روپ دھارن کر لیتا ہے۔ اس ندی کا ہر قطرہ ہر لمحہ اپنی جگہ بدل دیتا ہے۔ کالا پانی جانے سے قبل اور بعد ناول کے ہیرو خالد سہیل کے حالات زندگی میں غیر متوقع تبدیلیاں علامتی نوعیت کی ہیں۔ اس کا عم زاد بھائی جمشید بھی

عدالت کے اندر اسی طرح کی آزمائشوں کا شکار ہو جاتا ہے جس طرح کی مشکلات خالد کے پردادا امیر علی کو انڈمان جانے سے قبل پیش آئی تھیں ۔ خالد کی ایک نوجوان شناسہ کے ساتھ بینک کے اہلکار وہی سلوک کرتے ہیں جو کالا پانی میں سنہری کے ساتھ کیا گیا تھا۔ وہ تمام خش وخاشاک کی مثل وقت کے تیز دھارے میں آگے ہی آگے بڑھتے جاتے ہیں۔ زندگی اپنے نت نئے روپ دکھلاتی جاتی ہے اور اس کے پہلو بہ پہلو سماج کے مختلف تلخ وشیریں گوشے اجاگر ہوتے چلے جاتے ہیں۔

زمانہ حال اور مستقبل کے اندر ایک بنیادی فرق یہ ہے کہ حال اگر مائع کی مانند ہے تو مستقبل امادے کی تیسری ہیت گیس کی طرح لطیف اور محیط ہے جس کو محسوس تو کیا جا سکتا ہے لیکن دیکھنا ممکن نہیں ہے۔ انسان اپنی آنکھوں سے ہوا کو نہیں مگر اس سے اڑنے والے تنکوں کو دیکھ کر اس کی سمت کا اندازہ لگاتا ہے۔ پانی اور ہوا کے بہاؤ میں جہاں یہ مشترک ہے کہ وہ اپنی رفتار بدلتے ہیں وہیں یہ اختلاف بھی ہے کہ پانی یکسوئی کے ساتھ صرف ایک رخ میں بہتا ہے اور وقت کا دھارا لوٹ کر پیچھے نہیں جا سکتا جبکہ آوارہ ہوا کے جھونکے اپنی سمت بدلتے رہتے ہیں۔ اس لیے کسی انسان کے لئے ممکن نہیں ہے کہ وہ مستقبل کی بابت کوئی متعین پیش گوئی کر سکے۔ ناول نگار کو امروز سے فردا میں جانے کے لئے پرواز تخیل کا سہارا لینا پڑتا ہے۔

خالد سہیل کی موت کے بعد ناول زمانہ حال سے نکل کر مستقبل میں قدم رنجہ فرماتا ہے۔ پیغام آفاقی نے اس حصے کو بیان کرنے کے لئے بجا طور پر شاعری کی مدد لی ہے اس لئے اس میں جہاں تہ دار گفتگو کی سہولت مہیا ہوگئی ہے، وہیں معنی ومفاہیم کے امکانات وسیع تر ہو گئے ہیں۔

خالد سہیل کی زندگی اور موت کا اگر دنیوی زندگی اور اخروی حیات سے موازنہ کیا جائے تو ایک دلچسپ مماثلت نظر آتی ہے۔ اول تو یہ کہ اس دنیا کی ہر شے بشمول عرصہ حیات محدود اور فانی ہے۔ ہر لمحہ ہماری زندگی کی ایک ساعت حال سے نکل کر ماضی کے تابوت میں بند ہو جاتی ہے اور جب یہ سلسلہ تھمتا ہے تو انسان کو تجہیز وتکفین کے بعد اسی تابوت میں لٹا کر قبر کے حوالے کر دیا جاتا ہے۔ اس کا مطلب یہ ہر گز نہیں کہ مستقبل کا خزانہ خالی ہو گیا۔ خالد سہیل کی موت سے ناول کا ایک باب بند ہو جاتا ہے لیکن ناول ختم نہیں ہوتا اس لئے کہ زندگی کا تسلسل بھی انسان کی موت کے ساتھ ختم نہیں ہوتا بلکہ جاری وساری رہتا ہے۔ یہ ابدی مستقبل بھی نظر نہیں آتا لیکن اسے محسوس کیا جا سکتا ہے۔

ماضی کو ہم دو حصوں میں تقسیم کر سکتے ہیں۔ ایک ماضی قریب اور دوسرا ماضی بعید۔ قریب وبعید کی مدت پر قراۃ العین حیدر اور آج کے ناول نگار کے درمیان یقیناً اختلاف ہوگا اس لیے اسے زندہ اور مردہ کے دو خانوں میں تقسیم کیا جا سکتا ہے۔ زندہ ماضی سے مراد وہ زمانہ جس میں وہی سیاسی ومعاشی نظام نافذ تھا جس

میں ہم جی رہے ہیں اس کے برعکس وہ زمانہ جس کا نظام داستان پارینہ بن گیا مردہ ماضی میں شمار ہوگا۔ مثلاً ملوکیت یا آمریت کا دور جو کم از کم ہندوستان کی حد تک ختم ہوگیا، ماضی کی لاش ہے اور جمہوریت کا زمانہ جو جاری وساری ہے زندہ تابندہ ہے۔ اس لحاظ سے کالا پانی کا زمانہ زندہ ماضی میں شمار ہوگا اس لئے کہ اسے جس برطانوی حکومت نے قائم کیا تھا وہ جمہوریت کی علمبردار تھی اور ہم لوگ آزادی کے بعد بھی اس کے نقش قدم پر چل رہے ہیں۔ اس نقطہ نظر سے شیر علی' خالد سہیل اور جیلانی ایک ہی چکی میں پسنے والے مختلف دانے بن جاتے ہیں۔ ان کے مصائب وآلام مشترک ہوجاتے ہیں۔ خالد سہیل کے لئے شیر علی کے حالات کا انطباق مناسب حال معلوم ہوتا ہے۔ خالد کا اس کی مدد سے اپنے اردگرد رونما ہونے والے واقعات کا تجزیہ کرنا اور جیلانی اور اس کے میزوساتھی کا خالد کی رہنمائی میں مستقبل کی حکمت عملی مرتب کرنا ایک فطری تسلسل بن جاتا ہے۔

اگر ہم لوٹ کر ''مکان'' اور ''پلیتہ'' کا موازنہ کریں تو یہ بات سمجھ میں آتی ہے کہ انسان امن اور سکون کی خاطر اپنے مکان میں پناہ لیتا ہے لیکن جب کوئی فاسد نظام اس کو بے مکان کر کے کالا پانی پر روانہ کردے تو وہ وہاں سے بارود کا ذخیرہ اپنے ساتھ لاسکتا ہے تاکہ ظلم واستحصال کی علمبردار استبدادی قوتوں کو نیست ونابود کر کے عدل وانصاف قائم کرسکے۔ ''مکان'' کے اندر پیغام آفاقی نے اپنا زیادہ وقت کرداروں کے قلب وذہن کے تجزیئے پر صرف کیا لیکن ''پلیتہ'' میں وہ باہر کی دنیا میں نکل گئے اور معاشرے کے اندر کارفرما سیاسی عناصر کی حکمت عملی اور معاشی طرز فکر کی نیرنگیاں اجاگر کرنے میں مصروف عمل ہوگئے۔ اس طرح گویا پیغام آفاقی مکان سے نکل کر زماں میں آگئے۔ انسان بزعم خود زماں ومکاں کے حصار میں گرفتار رہتا ہے۔ حکیم الامت علامہ اقبال نے عقل وخرد کو زماں ومکاں کی زناری سے آزاد کرنے کے لئے ضرب لا الہ کا استعمال کیا اور فرمایا۔

خرد ہوئی ہے زماں و مکاں کی زناری نہ ہے زماں نہ مکاں لا الہ اللہ

پیغام آفاقی نے اس کام کے لئے دو ناول لکھے ''مکان'' اور ''پلیتہ''۔ یہ کام آسان نہیں ہے۔ قلب وذہن کے اندر موجود مضبوط صنم کدوں کو مسمار کرنے کے لئے براہیمی نظر کی ضرورت ہوتی ہے۔ جس کی بابت علامہ فرماتے ہیں۔

ہوس چھپ چھپ کے سینوں میں بنالیتی ہے تصویریں براہیمی نظر پیدا اگر مشکل سے ہوتی ہے

پیغام آفاقی جیسے مردحق سے چونکہ یہ نکتہ پوشیدہ نہیں ہوتا کہ اس کی اولین یہی ذمہ داری حکم اذاں ہے۔ اس لئے وہ بے خطر آتش نمرود میں بھی کود پڑنے سے بھی پس وپیش نہیں کرتا۔ حضرت ابراہیم نے نمرود وقت کے ساتھ ساتھ رائج الوقت نظام سے بغاوت کا علم بلند کیا تھا اور عقائد سے لے کر سیاست تک تمام ہی

شعبہ ہائے حیات میں پائے جانے والے بتوں کو مصلحت کوشی کی سرحدوں کو عبور کر کے پاش پاش کر دیا۔اس لئے کہ وہ اپنے منصب ومقام سے واقف تھے۔''پلیتہ'' کا خالد سہیل اپنی ڈائری میں لکھتا ہے۔

''بہت سے لوگ پیدائشی طور پر ہی ایسے ہوتے ہیں۔قدرت انہیں اسی ذمہ داری کے لئے پیدا کرتی ہے۔''

خالد سہیل پر جب اپنا فرض منصبی آشکارہ ہوجاتا ہے تو وہ اپنی کتاب کا آخری صفحہ اس طرح تحریر کرتا ہے۔

''لوگو، تمہارے یہ ظالم آقا آسمان سے نہیں آتے۔
یہ کوئی اور نہیں یہ تم خود ہو۔
یہ جو اونچے اونچے پیڑ تم دیکھتے ہو ان کا بیج تم خود ہو۔
یہ ویسے ہی ہیں جیسے تم خود ہو۔
اگر تم اندر سے بدلتے تو یہ بدل گئے ہوتے......''

خالد سہیل اپنی کتاب میں آگے لکھتا ہے۔

''بتا کہ میری زندگی سنگین خطروں اور اندھیروں میں گھری ہوئی ہے اور میں اس کو بچانا چاہتا ہوں اور دشمن بڑا ہے اور میں اس کو ختم کرنا ہے اور یہ کام مجھ سے اکیلے نہیں ہوگا۔

بتا! ربتا!! ربتا!!!
تو خاموش کیوں ہے؟ رتو خاموش کیوں ہے؟؟؟
تو نہیں بتائے گا۔رتو نہیں بتائے گا۔رتو نہیں بتائے گا۔رنہیں بتائے گا۔
نہیں!
تو بتائے گا۔ربتائے گا۔
بتاؤ۔رنہیں بتائے گا۔
لا الہ اللہ

● ڈاکٹر محمد زاھد الحق

شہناز نبی کی نظمیہ شاعری: ایک مطالعہ

اردو شاعری کی تاریخ پر ناقدانہ نگاہ ڈالیے تو یہ اقرار کرنا پڑتا ہے کہ مختلف عہد میں ہمارے شعرائے کرام نے اپنا خون دل دے کر دنیائے شاعری کو سنوارنے اور سجانے کی ہر ممکن کوشش کی ہے۔غزل کو اردو شاعری کی تمام اصناف کے درمیان مرکزیت کے ساتھ ساتھ شہرت ومقبولیت بھی حاصل رہی۔اس کے ہم پلہ صنف نظم نے بھی اچھی خاصی جگہ بنائی اور محبان علم وفن سے بھرپور پذیرائی بھی حاصل کی۔ جب ہم اردو کے ان شعرا کی فہرست تیار کرتے ہیں جنھوں نے نظم گوئی میں نمایاں مقام حاصل کیا ہے تو ان میں ہمیں چند خواتین بھی پورے آب تاب کے ساتھ نمایاں نظر آتی ہیں۔اگر ہم اپنی گفتگو کو عصر حاضر کی چند نظم گو شاعرات کے حوالے سے پیش کریں تو پروین شاکر، ادا جعفری، شفیق فاطمہ شعریٰ، ساجدہ زیدی، زاہدہ زیدی، فہمیدہ ریاض، کشور ناہید، اشرف رفیع، زہرہ نگاہ، شہناز نبی، شبنم عشائی، پروین شیر، ترنم ریاض، صادقہ نواب سحر وغیرہ کے اسمائے گرامی سب سے پہلے ہمارے ذہن میں آتے ہیں۔ان شاعرات نے ایک طرف سماج و معاشرے کی صحیح تصویر کشی کی ہے تو صنف نازک سے منسلک مسائل وموضوعات کو بھی اپنی نظموں میں پوری توانائی کے ساتھ پیش کرنے کی بے حد کامیاب کوششیں کی ہیں۔اس مختصر سے مضمون میں راقم الحروف نے پوری توجہ عصر حاضر کی ممتاز ومنفرد شاعرہ محترمہ پروفیسر شہناز نبی تک ہی محدود رکھی ہے۔ان کی شاعری کے مجموعے ''پس دیوار گریہ'' اور ''شرار جستہ'' کے مطالعے سے معنیٰ ومفاہیم کی کئی نئی تہیں بھی کھلتی ہیں اور گنجینۂ معنی کے طلسم سے واقفیت بھی حاصل ہوتی ہے۔

ہم سب اس بات سے بخوبی واقف ہیں کہ جدیدیت کے بعد جب دائرہ شاعری چند پابندیوں سے آزاد ہوا تو ہماری شاعرات نے خواتین کے مخصوص مسائل وموضوعات کو اپنی شاعری میں پیش کیا۔ان شاعرات نے اپنے سامنے فیمنزم کے تصور کو رکھا۔نسائی حسیت کی انھوں نے بات کی اور عورتوں سے جڑے ہوئے موضوعات کو بھرپور انداز میں پیش کیا۔کہیں کہیں پر ہماری شاعرات کا لب ولہجہ مرد مخالف بھی ہوا مگر

بیشتر شاعرات نے عورتوں کی بھلائی اور ترقی، مساوی حقوق اور عام انسانوں جیسے سلوک پر ہی اپنی توجہ مرکوز رکھی۔محترمہ شہناز نبی ہمارے عہد کی ایک ایسی ہی شاعرہ ہیں جن کی شاعرانہ آواز نے ہر خاص و عام کو اپنی جانب متوجہ کیا ہے۔اس کی وجہ بھی شاید یہی رہی کہ انھوں نے خواتین کے حقوق کی بات کی مگر نعرہ بازی اور پروپیگنڈہ سے گریز کیا۔انھوں نے خواتین کی حمایت کرنے کے لیے سماج کے دوسرے حصے کی دل آزاری نہیں کی۔یہی وجہ ہے کہ ان کی آواز کو بڑے انہماک سے لوگوں نے سنا اور اثر بھی قبول کیا۔ان کی نظم ''مسافت اور ہم'' اس حوالے سے ملاحظہ فرمائیں:

ہم ایسے لوگ ہیں/جن کے سروں پر/دھوپ کا ٹکڑا نہیں چلتا
ہمارے واسطے شاخیں ہمیشہ سایہ بنتی ہیں/ہماری آنکھ میں عفریتِ تنہائی نہیں ہنستا
سفر کرتا ہے گھر بھی/جس گھڑی گھر سے نکلتے ہیں
سبھی کے آنسوؤں کو/قہقہوں کو صاف سنتے ہیں
اٹھا کر اِس طرف سے اس طرف/بس رکھا کرتی ہے
مسافت سے ڈریں کیا ہم/مسافت ہم سے ڈرتی ہے

ان کی شاعری بالخصوص نظموں میں تانیثیت اور نسائی حسیت کے عناصر جابجا موجود ہیں مگر جو بات ہمیں اپنی طرف سب سے پہلے اور پوری شدت کے ساتھ متوجہ کرتی ہے وہ یہ کہ شہناز نبی کی نظموں میں کہیں بھی feminism کا جارحانہ رخ دیکھنے کو نہیں ملتا ہے بلکہ عورت کو ایک عام انسان کی حیثیت سے سماج و معاشرے میں اس کا جائز مقام دلانے کی بہت سنجیدہ کوشش سامنے آتی ہے۔مثال کے طور پر ان کی مختصر سی نظم ''منصوبہ'' پیش کی جاسکتی ہے:

چلو بھول جائیں/کہ کس کس نے دل پر/لگائے ہیں چرکے
کہاں کس نے تنہا کیا ہم کو کتنا/کہ دھوکے دیئے وقت نے کیسے کیسے
ملا کیا لٹا کیا/رہنے دوست کتنے/رہوئے کون دشمن
یہ گنتی گنی جائے آخر کہاں تک/بھلا ہے اسی میں کہ سب بھول جائیں
یہ اک مٹھی جیون جو باقی بچا ہے/اسے ہم گذاریں گے خوش خوابیوں میں

ایسا نہیں ہے کہ شہناز نبی کی نظموں کے موضوعات صرف اور صرف عورتوں کے اردگرد گھومتے رہتے ہیں بلکہ انھوں نے بے حد غیر جانب دارانہ انداز میں آج کی دنیا میں ہو رہے واقعات کو سیاسی، تہذیبی اور مذہبی تناظر میں دیکھنے کی بہترین کوشش کی ہے۔انھوں نے مسجدوں میں ہونے والے خون خرابے کو

موضوع بنایا ہے تو اسکولوں پر ہونے والے حملوں کو بھی۔ ان کے پیش نظر امن عالم کو تباہ و برباد کرنے کی منظّم سازشیں اور کوششیں بھی نظم کے موضوع کی شکل میں دست بستہ کھڑی ہیں تو مقامی، سیاسی، سماجی، ادبی اور تہذیبی موضوعات و مسائل کے ساتھ ساتھ اقدار کی شکست و ریخت سے بھی وہ ہم کلام ہوتی ہیں۔ مثال کے لیے ان کی نظموں ''جب میں مر جاؤں''، ''حسین تو می کو تھائے'' اور ''آمار سونار بانگلا'' کو پیش کیا جا سکتا ہے۔ پہلی مثال نظم ''جب میں مر جاؤں سے ملاحظہ فرمائیں:

ہو سکے تو ایک جلوس نکالنا/ جس میں شامل مرد عورت بچے بوڑھے کی زبان پر
بس ایک ہی سوال ہوگا/ امنِ عالم کے نام پر اور کتنے ملکوں کی تلاشی لی جائے گی
اور کتنے تختۂ دار سجائے جائیں گے/ اور کتنے جیل بھرے جائیں گے

دوسری مثال کے لیے نظم ''آمار سونار بانگلا'' کی یہ چند سطریں دیکھیے:

حسین شاہ کی سرزمین پر/ شعر و ادب کی سوداگری جاری ہے
دانشوروں میں پھوٹ پڑ چکی ہے/ امن و امان قائم کرنے کے نام پر
ہر دن بدامنی کا نیا منصوبہ تیار کیا جاتا ہے/ دہشت کا نیا روڈ میپ تشکیل پاتا ہے
کبھی نندی گرام کبھی سینگور/ کبھی نتائی گرام، پرولیا، ہروا
بدحال ماؤں کی سینہ کوبی سے گاؤں در گاؤں ماتم کدہ
رابندر سنگیت کی بلند آہنگی میں دب جاتی ہیں بچوں کی سسکیاں
نذرل کے انقلابی گیتوں میں دم توڑ دیتا ہے انقلاب
ابونیندر لال ٹھاکر اور نندلال کے رنگ چھا جاتے ہیں
بہتے ہوئے لہو کی چھینٹوں پر/ حیوانیت کو تہذیب اور ثقافت کا لباس پہنا کر
سجا دیا جاتا ہے بین الاقوامی مجلسوں میں
آمار سونار بانگلا/ آمی تو مائے بھالو باشی

نظم ''آمار سونار بانگلا'' طویل نظم ہے اور اس کا سنجیدگی سے مطالعہ کرنے پہ بالکل واضح ہوتا ہے کہ شاعرہ نے بدلتی ہوئی اقدار کو ماضی سے حال تک پورے تاریخی تناظر میں دیکھا اور سمجھا ہے۔ subaltern theory کو مانتے ہوئے انھوں نے بھی چھوٹے چھوٹے مراکز، تہذیبی جزیرے، سیاسی اور تنظیمی جماعتوں کو بھرپور طرح سے اپنے مشاہدے میں لایا ہے۔ انھوں نے تمام تاریخی تناظر کے ساتھ ساتھ اور سیاسی پس منظر کو بھی اپنے پیش نظر رکھا ہے۔ ایک مختصر سی مثال اسی نظم سے دیکھتے چلیں:

ساحل جوڑتے ہیں شہروں کو/اس کنارے سے اُس کنارے تک
بنگال-اڑیسہ-مالابار/تہذیبیں جوڑتی ہیں صوبوں کو
صوبے طے کرتے ہیں ملک کی سرحدوں کو
ادھر اُدھر سے توڑ کر/لسانی اور تہذیبی مماثلتوں کا واسطہ دے کر

یہ صحیح ہے کہ شہناز نبی نے اپنی نظموں میں Radical Feminism یا انتہا پسند تانیثیت سے گریز کیا ہے۔مگر ان کی نظموں میں عورت پر ہونے والے مظالم اور عورتوں کے تئیں برتی جانے والی بے رخی اور بے بسی کا خوب ذکر ہے۔وہ ''شولامتھ فائرا سٹون'' اور ''میری ڈیلی'' کی طرح انتہا پسند رویہ اختیار نہیں کرتی ہیں بلکہ ''کیٹ ملٹ'' اور'' مارلن فرنچ'' کی طرح اس بات کی قائل ہیں کہ مرد اور عورت کے بہترین خصائص کے تال میل سے ایک نئے سماج کی تشکیل کی جاسکتی ہے۔نظم ''تم، میں اور وہ'' سے ایک نمونہ ملاحظہ فرماتے چلیں:

میں وہ ساری جگہیں دیکھنا چاہتی ہوں/جنھیں تمہاری موجودگی نے مرتعش کر دیا
میں ان تمام راستوں سے گذرنا چاہتی ہوں/جن پر تمہارے قدموں نے منزلیں تراشیں
میں ان ہواؤں کو پینا چاہتی ہوں/جنھیں تمہاری خوشبو نے سیراب کیا
میں وہ ساری کتابیں پڑھنا چاہتی ہوں/جن کے حروف تمہارے مطالعے سے روشن ہیں
میں ان ساری چیزوں کو چھونا چاہتی ہوں/جنھیں تمہارے لمس نے جاوداں کر دیا
میں تمہیں بالواسطہ یا بلاواسطہ/ایک لمحے کو بھی پاسکوں
تو صدیاں اسے دان کردوں/جس نے میرے اور تمہارے درمیان
یہ فاصلے رکھے ہیں

اسی طرح ان کی ایک نظم ''ابھی تک'' کا مطالعہ بھی اس ضمن میں بہتر ہوگا۔اس نظم میں بچپن کی آزادی اور من میں بیدار ہونے والے تمام امنگ و ترنگ کا نقش بہت خوبصورتی سے پیش کیا گیا ہے۔اسی نظم کے بار بار مطالعے سے جب ہم نفس مضمون تک رسائی پاتے ہیں تو پس پردہ بندھنوں میں زندگی کرنے والی عورت کی بے بسی کا بھی اندازہ ہوتا ہے۔اس نظم میں ناسٹلجیا کی بہترین عکاسی کی گئی ہے:

ابھی تک بارشوں میں بھیگنے کا شوق باقی ہے/کوئی اڑتا ہوا جگنو توجہ کھینچ سکتا ہے
ابھی تک سوندھی مٹی کی مہک/سانسوں میں بھرنے کی للک باقی ہے
ست رنگی دھنک کو اوڑھ لینے کی تمنا ہے

تعاقب میں ابھی تک تتلیوں کے/اک جنوں آمیز لذت ہے
کوئی کیا جانے/کب ان موسموں کا رمز کھو جائے
کوئی لمحہ نگاہوں پر کفن/احساس پر مٹی گرا کر یوں نکل جائے
کہ یہ دنیا ہماری پتلیوں پر/منعکس ہونے کی ہمت ہی نہ کر پائے
جہاں جو بھی حسیں ہے/وہ ہماری آنکھ میں گم ہے
خوشا بچپن/کہ جس نے حیرتی رکھا ہے اب تک آئینہ اتنا

ایسی ہی ایک نظم ''ایک کھاٹ کی کہانی'' اور ''آزادی اپنی شرطوں پر'' ہے۔ بظاہر یہ ایک معمولی سی نظم معلوم ہوتی ہے جس میں کھاٹ کو علامت کے طور پر پیش کیا گیا ہے ،مگر پوری توجہ سے نظم پڑھیے تو عورتوں کی چہار دیواری میں قید کی زندگی گزارنے کی پوری بے بسی اس میں نظر آتی ہے۔ اس نظم میں مستعمل الفاظ بھی اس بات کی نشاندہی کرتے ہیں کہ عورتوں کو محض جنسی اور جذباتی استحصال کے لیے اس طرح کی زندگی گزارنی پڑتی ہے۔ ان کے جذبات کو سمجھنے والا کوئی نہیں اور نا ہی کوئی زخم پہ مرحم رکھنے والا ہے۔ مثال کے لیے نظم ''ایک کھاٹ کی کہانی'' سنیے:

ہر رات کھاٹ استعمال ہوتی ہے/اور صبح دیوار سے لگا دی جاتی ہے
کہتے ہیں دیواروں کے بھی کان ہوتے ہیں
لیکن دیواریں کھاٹ کی سسکیاں کہاں سُن پاتی ہیں
کھاٹ کا بند بند ڈھیلا ہو چکا ہے/وہ رات گئے چرمراتی ہے
اور دن بھر سسکیاں بھرتی ہے/مٹی کا چولہا اس کی سسکیاں سنتا ہے
اپلوں کی ڈھیری اس کی آہیں محسوس کرتی ہے
برتن باسن، کنویں کا ڈول، چکی کے پاٹ اس کے آنسو گنتے ہیں
لکڑی جل بھئے کوئلہ، کوئلہ جل بھئے راکھ/لیکن وہ تو ایک کھاٹ ہے
اس کے پایوں میں دیمک لگ چکی ہے
اس کے پٹرے بے رس/رسیاں چھدری
لیکن سونے والے کو اس کی چرمراہٹ کا پتہ نہیں

دوسری مثال نظم ''آزادی اپنی شرطوں پر'' سے پیش کی جا سکتی ہے۔ اس میں بھی عورت اپنے آپ کو بندھنوں سے آزاد کرنا چاہتی ہے۔ نظم کا ایک حصہ ملاحظہ فرمائیں:

میں نے اتنی آزادی حاصل کر لی ہے/کہ بلا اجازت گھر سے باہر نکل سکوں
آنکھوں میں سرمہ، تیز خوشبو، چھنکتی ہوئی پائل/بال کھلے ہوں تو کیا
میں نے اتنی آزادی حاصل کر لی ہے/کہ جنس مخالف آرائش کو آزمائش نہ سمجھے
میں نے اتنی آزادی حاصل کر لی ہے/کہ محفل میں زور سے قہقہہ لگا سکوں
بے تکان گفتگو کر سکوں/جواب دیتے رہنے کے بجائے سوال کر سکوں
جوابوں کے غلط ہونے پہ ٹوک سکوں

اب تک شہناز نبی کی نظموں کے حوالے سے جتنے نکات پیش کیے گئے ہیں وہ سب بہت اہم ہیں۔شہناز نبی کی نظموں میں جا بجا ترقی پسند حسیت کے علاوہ وسیع المشربی کے نمونے بھی دیکھنے کو ملتے ہیں۔ان کی نظم ''پاپ'' کا مطالعہ کرنے سے ہمیں مذہبی ہم آہنگی اور رواداری کا درس حاصل ہوتا ہے۔ وہ اس نظم کے حوالے سے اپنا واضح نظریہ قارئین کے سامنے رکھتی ہیں۔آپ بھی نظم ملاحظہ کریں:

برا نہ مانو/نمازیں اب بھی یہیں پڑی ہیں
یہ سجدہ گاہیں اٹھا کے جانے کدھر چلے تھے
وہ صبح تم کو بھی یاد ہوگی/الگ تھے گھر اور علیحدہ چولہے
تمہارے پرچم کا رنگ الگ تھا/وطن تمہارا نیا نیا تھا
سبھی تو بانٹا تھا آدھا آدھا/مگر پڑی ہیں وہاں پہ اب تک
ہماری رادھا کی ایک پائل/ہمارے کرشنا کی ایک بنسی
یہ ہیر کیسے اٹھا کے دے دیں/کہاں سے لائیں تمہارا رانجھا
کہ ہم سے پاگل/حساب رکھتے نہیں دنوں کا
ہمیں تو یہ بھی پتہ نہیں ہے/کہ آریائی سے بابری ہم بنے تو کیسے
ہمیں تو شنکھ اور اذاں ہے یکساں/ہماری تاریخ کے کتنے صفحے
چرائے تم نے؟/کہاں کہاں سے نشاں ہمارے
مٹائے تم نے؟/ہماری ہولی تمہارے بن ہے اداس کتنی
تمہیں پتہ کیا/ہماری عیدوں کو تم سے ملنے کی پیاس کتنی
کہاں چلے تھے اٹھا کے منبر/کہاں سجائی دکان تم نے
کہاں پہ بیچے ہیں مال کتنے/کہو منافع کمایا کتنا

ہمارے جیسے رتمہارے جیسے رخدا کے بندے
جو اپنے حصے کا پانی رکھودیں کنواں تو پائیں
جو اپنے تن کو دھواں بنائیں تو روٹی کھائیں
ہمیں لکیروں کے کھیل سے کیا رہمیں تجارت سے واسطہ کب
جنہیں تھا سود و زیاں سے مطلب روہ کاروبارِ جہاں سے رخصت
یہ آگ اب بھی بھڑک رہی ہے رچلو بزرگوں کا پاپ دھوئیں
ہمارے مندر سنبھالو تم سب رتمہاری مسجد کے ہم نگہباں

آخر میں اپنی بات مکمل کرنے سے قبل راقم یہ عرض کرنا چاہتا ہے کہ شہناز نبی کی نظموں کا یہ سرسری مطالعہ اگر آپ کو مزید مطالعے کے لیے راغب کرے تو میرے لیے یہ سعادت کی بات ہوگی۔ اردو نظم گوئی میں پروین شاکر، شفیق فاطمہ شعریٰ، زاہدہ زیدی، فہمیدہ ریاض، کشور ناہید، زہرہ نگاہ وغیرہ جیسی اہم شاعرات نے منفرد لب و لہجے کی بنیاد پر ہی اپنی الگ شناخت بنائی اور اپنے فن سے ہر خاص و عام کو اپنا گرویدہ بھی بنایا۔ اسی طرح شہناز نبی کی شاعری میں بھی ہمیں وہی چمک دمک، رنگ و نور اور حسن و جمال نظر آتا ہے جو ان کو اردو کی بڑی نظم گو شاعرات کی صف میں خصوصی اور مجموعی طور پر اردو شاعری کے مستند نظم گو شاعروں میں شمار کروانے کے لیے یقیناً کافی ہے۔ شہناز نبی کی نظمیہ شاعری کو ذہن میں رکھتے ہوئے راقم الحروف کسی طرح کے بڑے دعوے تو نہیں کرنا چاہتا مگر یہ ضرور عرض کرنا چاہتا ہے کہ شہناز نبی کی نظموں کے بغیر عصر حاضر کی شاعری بالخصوص نظمیہ شاعری کی تاریخ مرتب نہیں کی جا سکتی۔ اس ضمن میں خاکسار حضرت محشر بدایونی کے اس شعر پر ہی اکتفا کرتے ہوئے اپنی بات ختم کرنا چاہتا ہے کہ:

اب ہوائیں ہی کریں گی روشنی کا فیصلہ
جس دیے میں جان ہوگی وہ دیا رہ جائے گا

● فیضان احمد ملک

میرا جی کے شعری رویے

ہر شاعر کے کلام میں چاہے وہ ادنیٰ درجے کا ہی کیوں نہ ہو، کسی نہ کسی نوع کی تخلیقی اور نظریاتی انفرادیت ضرور موجود ہوتی ہے۔ لیکن ایسے فنکار خال خال ہی ہوتے ہیں، جن کے کلام میں نہ صرف پوری آب و تاب کے ساتھ انفرادی رنگ جھلکتا ہے بلکہ جو اپنی خلاقانہ صلاحیتوں سے کام لے کر موضوع اور اسلوب کی سطح پر ایسی مثبت تبدیلیاں پیدا کرتے ہیں کہ ان کا فن ایک نئی روایت کا سنگ میل بن جاتا ہے۔ اس اعتبار سے میرا جی یقیناً اردو نظم کے باب میں ایک نئی روایت کے بنیاد گزار ٹھہرتے ہیں۔ میرا جی نے نہ صرف یہ کہ اردو نظم کو مروجہ سانچوں کی قید سے آزاد کر کے اسے موضوع اور اسلوب کی سطح پر نئی جہات اور وسعتوں سے ہمکنار کیا بلکہ اپنی تنقیدی تحریروں اور دیگر نثری نگارشات کے ذریعے نظم کی فکری اور فنی بنیادیں بھی استوار کیں۔

میرا جی کے فن کی عظمت کا اعتراف اگرچہ بعض اشخاص کی جانب سے ان کی زندگی میں ہی کیا جانے لگا تھا لیکن جس دور میں ان کی ادبی زندگی اپنے عروج پر تھی اس وقت پورے اردو ادب میں ترقی پسند تحریک کا طوطی بول رہا تھا۔ میرا جی کی شعری کائنات چونکہ ترقی پسندوں کے طے شدہ موضوعات سے کوسوں دور تھی اور ترقی پسندوں کو بھی چونکہ ان کے یہاں اپنے نظریے کے مطابق زیادہ کچھ نہ مل سکا لہذا میرا جی کو اپنے معاصرین میں وہ رتبہ نہ مل سکا جس کے وہ مستحق تھے۔ لیکن ترقی پسند تحریک کے زوال اور جدیدیت کے ابتدائی دنوں میں ان کی طرف خصوصی توجہ دی گئی خاص طور پر جدید شعرا نے ان کی تقلید کو اپنے لیے باعثِ فخر سمجھا۔ اردو کے معروف افسانہ نگار اور نقاد انتظار حسین نے اس سلسلے میں درست لکھا ہے کہ:

''ویسے تو میرا جی بھی اتنے ہی توجہ کے مستحق ہیں جتنی توجہ کے مستحق فیضؔ اور راشدؔ سمجھے گئے تھے..... ترقی پسندوں نے جو میرا جی کی مذمت کر رکھی ہے کہ وہ ذہنی طور پر بیمار شاعر ہے، ذات کی الجھنوں میں پھنسا رہتا ہے، مریضانہ داخلیت پسندی کا شکار ہے۔ اس پر مت جایئے۔ فیض صاحب کی ترقی پسندی

اپنی جگہ مگر جدیدیت کے تصور نے تین شاعروں فیض، راشد اور میرا جی کو ایک رسی میں باندھ رکھا ہے یا کہہ لیجئے کہ ایک رشتہ میں پرو رکھا ہے اور وہ جو اردو میں جدید شاعری کی روایت قائم ہوئی اس میں ان تین کی حیثیت اس روایت کے بڑوں کی تھی اور اب بھی ہے...... جدیدیت کے تصور سے متاثر نئے ذہنوں نے زیادہ اثر میرا جی سے قبول کیا۔ یہ تینوں لاہور میں موجود تھے مگر نئے شاعری کے رسیا نوجوان میرا جی کے گرد اکٹھے ہوئے۔ میرا جی ان کے گرو بن گئے۔ مختار صدیقی، یوسف ظفر، قیوم نظر، مبارک احمد، ضیا جالندھری گویا میرا جی کے زیر اثر ایک پورا مکتبہ شاعری وجود میں آ گیا۔''

میرا جی نظم کے میدان میں ایک منفرد تخلیق کار کی شناخت لے کر داخل ہوئے۔ ان کا شعری تجربہ بھی ایک رجحان ساز فنکار کے فنی تجربے کی طرح قبل از وقت تھا۔ جس طرح اردو میں غالبؔ کا شعری تجربہ اپنے عہد کے مروجہ اقدار و روایات سے آگے کی چیز تھی اور جس بنا پر غالب کو جیتے جی وہ مقام نہ مل سکا جس کے وہ مستحق تھے اور جو ان کے معاصر ذوقؔ کو نصیب ہوا۔ لیکن آج ادب کا ہر قاری اس بات کا معترف ہے کہ غالب ہر اعتبار سے ذوق سے بڑا شاعر ہے۔ ذوقؔ کی شاعری چونکہ عام ذہنی سطح کی شاعری تھی، اس میں معاشرے کی مروجہ شعری اقدار و روایات سے ماورا کوئی عنصر موجود نہ تھا لہٰذا ان کی شاعری عوام میں پسند کی گئی۔ غالب کی شاعری میں چونکہ مروجہ اقدار و روایات سے قطع نئے عہد کا شعور موجزن تھا جس سے لوگ آگاہ نہ تھے اسی لیے وہ اپنے دور میں معتوب ٹھہرے۔ غالبؔ کی طرح چونکہ میرا جی بھی ایک نئی طرز کے موجد تھے۔ اسی لیے وہ بھی اپنے دور میں نظر انداز کیے گئے۔ ان کی شاعری کو یہ کہہ کر رد کیا گیا کہ اس میں خود پرستی، جنس پرستی، ابہام پرستی اور گریز و فرار کے عناصر اس قدر موجود ہیں کہ اس میں کسی صحت مند چیز کے ملنے کی کاوش فضول ہے لیکن مرورِ ایام کے ساتھ میرا جی کے فن کی خاصی پذیرائی ہونے لگی۔ آج کا ناقد جب ان پر قلم اٹھاتا ہے تو انہیں جنس پرست اور ابہام پرست قرار نہیں دیتا بلکہ انہیں ایک نابغۂ روزگار اور رجحان ساز شاعر کے طور پر قبول کرتا ہے۔ جمیل جالبی نے بہت پہلے اس حقیقت کی جانب اشارہ کیا تھا لکھتے ہیں۔

''میرا جی کی شاعری میں خیر و شر، نیکی و بدی، ابدی کرب اور احساسِ تنہائی کے ایسے نئے زاویے سامنے آتے ہیں کہ ہمارا شعور نئے امکانات سے روشناس ہو جاتا ہے اور چونکہ ہر نئی چیز اور زندگی کا نیا پہلو مبہم ہوتا ہے اسی لیے میرا جی کی شاعری بھی صحیح ہے لیکن وقت کے ساتھ ساتھ یہ ابہام از خود دور ہوتا جائے گا اور ان کی شاعری عام اور عام فہم ہوتی جائے گی۔ میرا جی تو مر گئے لیکن ان کی شاعری کی اصل زندگی اب شروع ہوئی ہے۔ آج یہ شاعری سب کے لیے نہیں ہے لیکن کل یہ سب کے لیے ہوگی''۔

میرا جی کا مطالعہ و مشاہدہ کافی وسیع تھا وہ ایک طرف مشرقی ادبی روایات سے پورے طور پر

واقف تھے تو دوسری جانب انہوں نے مغرب کی ادبی روایات سے بھی اخذ نور کیا تھا۔انہوں نے نہ صرف اردو، ہندی، سنسکرت اور برصغیر پاک و ہند کی بعض دوسری زبانوں کے نامور شعراء سے استفادہ کیا بلکہ مغرب کے بودلیئر اور میلارمے جیسے شعراء کا بھی اثر قبول کیا اور ان سب اثرات کو باہم آمیز کر کے اپنے مخصوص ومنفرد لہجے اور آہنگ کی تشکیل کی۔

میراجی صحیح معنوں میں ایک ایسے شاعر ہیں جن کی شاعری میں سرزمین وطن کی روح نظر آتی ہے۔ان کی شاعری زمین سے وابستگی کی بہترین مثال ہے۔میراجی سے قبل زمین سے وابستگی کی مثالیں اردو شاعری میں ملتی تو ہیں لیکن میراجی کے برعکس دوسرے شعراء کے فن پاروں میں زمین سے وابستگی کا اظہار زیادہ تر سطحی نوعیت کا ہی معاملہ ہے۔جب کہ میراجی کی شاعری زمین سے وابستگی کا کورا خارجی اظہار یہ نہیں ہے وہ اپنی شاعری میں سرزمینِ وطن کی روح سے مکمل طور پر ہم آہنگ نظر آتے ہیں۔ان کے فن پاروں میں قدیم ہند کے پُرفریب اور دلکش دیومالائی تہذیب وتمدن کے ساتھ حد درجہ لگاؤ کا تاثر ملتا ہے۔اسی باعث ان کا شعری اسلوب بھی متاثر ہوتا ہے۔چنانچہ انہوں نے اپنے دور کی فارسی آمیز اردو کی بجائے ہندی کے نرم ملائم استعاروں، تمثالوں، پیکروں اور علامتوں کو اپنی نظموں میں سمو کر ایک ایسے حسین وجمیل شعری اسلوب کی تشکیل وترویج کا کام سرانجام دیا، جو بعد میں جدید نظم کے ایک ممتاز اور مقبول اسلوب کی صورت میں سامنے آیا۔چند مثالیں ملاحظہ کیجئے ؎

چندرکانت سے من میں آئے شانتی
کملا میری، بملا میری اور میری ہے کانتی
پر میں جانوں
اور یہ سمجھوں
چندکانت سے من میں آئے شانتی
شیاما میری........ جس کے لمبے بال، من پنچھی کو جال
رادھا میری........ جس کی موہنی چال، من کو کرے نڈھال
یہ بالوں میں لہروں کا سماں ہے کس کے لیے کہو کس کے لیے
گالوں پر جو سرخی ہے عیاں ہے کس کے لیے کہو کس کے لیے
یہ ماتھے پر بندی کا نشاں ہے کس کے لیے کہو کس کے لیے
یہ آنکھوں میں اک اور جہاں ہے کس کے لیے کہو کس کے لیے

لہروں کا سماں اک اور جہاں سرخی بندی سب دھوکا ہے
تم دیکھ کے گر للچاتے ہو تو تم کو کس نے روکا ہے
دکھ درد سے چھٹکارا ہے کہاں ہے کس کے لیے کہو کس کے لیے
یہ بالوں میں لہروں کا سماں ہے کس کے لیے کہو کس کے لیے
کشتی کا باقی رہا جو نشان ہے کس کے لیے کہو کس کے لیے
اب چھوڑو نہیں اب کہہ دو ہاں ہے کس کے لیے کہو کس کے لیے
یہ ہاں یہ نہیں یہ نہیں یہ ہاں یہ دونوں باتیں دھوکا ہیں
ان دونوں میں ہے سفر پنہاں یہ دونوں باتیں دھوکا ہیں
میں بیٹھی ہوئی ہوں
دوپٹہ میرے سر سے ڈھلکا ہوا ہے
مجھے دھیان آتا نہیں ہے، مرے گیسوؤں کو کوئی دیکھ لے گا
مسرت کا گھیرا سمٹتا چلا جا رہا ہے
میں اب اور کوئی نئی چیز میرے مسرت کے گھیرے میں آنے نہ پائے
ہم تو تمہیں دانا سمجھتے تھے بھید کی بات بتا ہی دی
اس دن کو ہم کہتے تھے کیا فائدہ ایسے پینے میں
کوٹھا اٹاری منزل بھاری حوصلے جی کے نکالیں گے
سامنا ان سے اچانک ہو جائے جو کسی دن زینے میں

اردو کے جن قد آور ناقدین نے میرا جی کی عمدہ تفہیم و تعبیر کی ہے وہ اس حقیقت کو بلا شک و شبہ تسلیم کرتے ہیں کہ میرا جی نے اردو نظم کو جن منفرد اور اعلیٰ تخلیقی تجربات سے آشنا کیا، ان کی اہمیت اور انفرادیت ہمیشہ برقرار رہے گی۔ مثال کے طور پر میرا جی کی شاعری کی انفرادیت اور ندرت کو تسلیم کرتے ہوئے سلیم احمد اس حقیقت کا اعتراف کرتے ہیں۔

''یہ شاعری جیسی بھی ہے اور آپ اس کو جو مقام دیں، لیکن ایک ایسی شاعری جس کا مقابلہ ایسے مسائل سے تھا جس سے اردو زبان کی شاعری کو کسی دور میں بھی سابقہ نہیں پڑا۔ ان مسائل کو ان کی پوری شکل میں نمایاں کرنے کے لیے اس شاعری نے ایک نئی ہیئت اختیار کی' میرا جی کی شاعری کی اولیت ان سے نہیں چھین سکتے۔''

میراجی نے اردو شاعری کو بعض نئے موضوعات سے آشنا کرایا جن پر پہلے پہل لکھنا مستحسن نہیں سمجھا جاتا تھا۔جنس ایک ایسا ہی موضوع ہے جس پر میراجی سے قبل بہت کم فنکاروں نے قلم اٹھایا ہے۔ میرا جی کی شعری کائنات میں جنس کو غیر معمولی اہمیت حاصل ہے۔ اردو شاعری میں جنس کے نام پر زیادہ تر گل وبلبل کی داستانیں پیش کی گئیں ہیں۔لیکن میراجی نے جس فنّی شائستگی اور بیباکی کے ساتھ جنس کے موضوع پر قلم اٹھایا، ویسا طرز بیان اور حسن ادا اردو شاعری کی روایت میں ملنا ناممکن ہے۔ بہرصورت ان کی نظموں اور گیتوں میں جنس ہر رنگ میں دیکھا جاسکتا ہےلیکن ایسا بھی نہیں ہے کہ ان کی شاعری ساری کی ساری جنس کے گرد ہی گھومتی ہو اور دیگر موضوعات کی طرف انہوں نے بالکل توجہ نہ دی ہو۔ حقیقت یہ ہے کہ ان کی بعض نظموں میں سماج اور فرد کے مسائل کا باریک بینی سے مشاہدہ بھی ہوا ہے لیکن انہیں ترقی پسندوں کی طرح ادب کو سماجی آلہ کار کے طور پر استعمال کرنا منظور نہ تھا تاہم اس حقیقت کو فراموش نہیں کیا جاسکتا ہے کہ جنس میراجی کی شاعری کا ایک بنیادی موضوع بھی ہے اور محرک بھی۔ ڈاکٹر رشید امجد جنس کے بارے میں میراجی کے نظریے کی وضاحت یوں کرتے ہیں۔

''میراجی کے ہاں عورت ایک جیتی جاگتی حقیقت ہے اور جنس کے بارے میں ان کا رویہ صحت مندانہ ہے ...... میراجی جنسی عمل کو غیر اخلاقی قرار دینے کی بجائے اسے انسانی محبت کے لیے ایک مثبت عمل سمجھتے ہیں۔ان کا خیال ہے کہ یہ عمل انسان کو ایک روحانی مسرت سے ہم آہنگ کرتا ہے۔ چنانچہ وہ جنس کو ایک قبیح فعل سمجھنے کی بجائے حسن کے گرد جمع اس تہذیبی آلودگی کو صاف کرنے کی کوشش کرتے ہیں جو مروج اخلاق کی پیداوار ہے جنس کے ساتھ میراجی کا تعلق سطحی یا اکتسابی نہیں بلکہ ذہنی اور روحانی ہے کیونکہ وہ اسے زندگی اور تخلیق کا ایک لازمی عنصر سمجھتے ہیں۔''

میراجی نے جنس کو جس فنّی شائستگی کے ساتھ پیش کیا ہے اس کی بدولت آج اردو شاعری میں جسم، روح اور جنس کا تذکرہ عام ہے اور ان کی تفہیم و تحسین کوئی شرمندگی کی بات تصور نہیں کی جاتی۔ ''جسم کے اس پار''، ''رتجگا''، ''دوسری عورت سے''، ''اجنبی انجان عورت رات کی''، ''پژمردگی''، ''اے ریا کارو''، ''میں جنسی کھیل کو صرف تن آسانی سمجھتا ہوں''، ''جنسی عکس خیالوں کا''، ''سنگ آستان''، ''اونچا مکان''، ''سرگوشیاں''، ''خود لذتی''، ''دور نزدیک''، ''عدم کا خلاء''، ''ایک نظم''، ''دور کنارا''، ''عورت'' وغیرہ ایسی نظمیں ہیں جن میں میراجی نے جنس کو بنیادی اہمیت دی ہے اور جنسی نا آسودگی کے سبب پیدا ہونے والی مختلف نفسیاتی اور دیگر پیچیدہ ذہنی اور جسمانی الجھنوں کا تذکرہ کیا ہے۔ میراجی جنس کے حوالے سے اپنے نظریے کی وضاحت خود اس طرح کرتے ہیں۔

''بہت سے لوگ یہ سمجھتے ہیں کہ زندگی کا محض جنسی پہلو ہی میری توجہ کا واحد مرکز رہا ہے۔ لیکن یہ خیال صحیح نہیں ہے جنسی فعل اور اس کے متعلقات کو قدرت کی بڑی نعمت اور زندگی کی سب سے بڑی راحت اور برکت سمجھتا ہوں۔ جنس کے گرد جو آلودگی تہذیب و تمدن نے جمع کر رکھی ہے۔ وہ مجھے ناگوار گزرتی ہے۔ اس لیے ردعمل کے طور پر میں دنیا کی ہر بات کو جنس کے تصور کے آئینہ میں دیکھتا ہوں، جو فطرت کے عین مطابق ہے اور میرا آدرش ہے۔''

فن کار کے نزدیک موضوع دراصل ایک ذریعہ ہے جس کی وساطت سے وہ اپنے فن کا مظاہرہ کرتا ہے کسی بھی فن پارے میں موضوع یا مواد سے زیادہ اہمیت اسلوب یا انداز بیان کی ہوتی ہے۔ شاعری میں بھی بنیادی طور پر اس بات کی زیادہ اہمیت نہیں ہے کہ کیا کہا گیا ہے بلکہ اس بات کی اہمیت ہے کہ جو کچھ کہا گیا ہے وہ کیسے کہا گیا ہے۔ محض موضوع کی بناء پر کوئی شاعری اعلیٰ معیار کی شاعری قرار نہیں دی جاسکتی ہے۔ اقبالؔ، غالبؔ اور میرؔ کو اس بنا پر اردو شاعری کی عظیم تثلیث قرار نہیں دیا جاتا ہے کہ ان کی شاعری میں اعلیٰ معیار کے موضوعات ملتے ہیں بلکہ ان شعرا کی عظمت کا راز اس بات میں پوشیدہ ہے کہ انہوں نے دوسرے شعراء کی بہ نسبت زیادہ دلکش اسلوب میں اپنے مافی الضمیر کا اظہار ہے۔ جدید تنقیدی تھیوریز سے بھی یہ بات ثابت ہوئی ہے کہ کسی بھی فن پارے میں موضوع سے زیادہ اہمیت طرزِ ادا کی ہی ہے۔ اب اگر میرا جی کی شاعری کا بنیادی موضوع جنس ہے تو اس کا یہ مطلب نہیں ہے کہ ہم انہیں جنس پرست قرار دے کر رد کریں ان کی تخلیقات میں جنس محض سطحی جذبات کی تسکین کی خاطر استعمال نہیں ہوا ہے بلکہ وہ جس فنکارانہ مہارت سے اس موضوع کو برتتے ہیں اس میں واقعی ان کی عظمت کی دلیل پوشیدہ ہے مثال کے طور پر ان کی ایک نظم ''سرگوشیاں'' کا موضوع جنس ہے لیکن ذرا دیکھئے کہ ان کی یہ نظم کس طرح کی فنی اور جمالیاتی خوبصورتی کا احساس دلاتی ہے۔

آج رات
میرا دل
چاہتا ہے تو بھی میرے پاس ہو
اور سوئیں ساتھ ساتھ
تیرے پیراہن مجھے
یاد آتے ہیں بہت
آسماں بھی صاف ہے

اور ستارے اور چاند
بے خود و سرمست ہیں
تازگی
ہے عیاں
ذرے ذرے سے زمیں کے، آہ لیکن بے بس،
اور تنہائی مری
آج تُو آجا، مری ہمراز بن،
آ بھی جا، دیکھ لے' گھٹائیں آ رہی ہیں بے نشاں رفتار سے
اور ان کالی گھٹاؤں میں ہے سرمستی، خمار،
اور پانی کے ہیں تار،
تو بھی آ
مل کے ہم
آج رات
گا ہی لیں چاہت کے گیت؟
جسم بھی تیرا مجھے مرغوب ہے
اور تیری ہر ادا
اور یہ چہرا ترا
محبوب ہے
تیری یہ پیاری جوانی اک اچھوتی سی کلی
اور صورت سادی سادی سانولی
اور تیرے بالوں میں یہ چمپا کے پھول
اور نازک ہاتھ پر لپٹا ہوا گجرا ترا
اور گلے کے ہار میں ایک ہار
آہ تیرے سب سنگار
کھینچتے ہیں دل کے تار

اور اک ہلکی سی گونج
اس فضا کی وسعتوں میں کھوگئی،
آ مری ننھی پری!
آ مری من موہنی!
آج رات
چاہتا ہوں تو بھی میرے پاس ہو

میراجی نے اپنی تخلیقات میں ابہام کو ایک اہم شعری عنصر کی حیثیت سے استعمال کیا ہے لیکن بعض لوگ اسی بنا پر میراجی کے شاکی بھی ہیں، حالانکہ شاعری کے لیے ابہام عیب نہیں ہنر ہے اور شعر کی معنوی تہہ داری اور معنی خیزی کو بڑھاتا ہے۔ میں نے یہ بات کہیں پہلے بھی کہی ہے کہ میراجی کی شاعری عام ذہنی سطح کی شاعری نہیں ہے جو لوگ بیانیہ شاعری پڑھنے کے عادی ہیں۔ وہ میراجی کی شاعری کو کیا سمجھ پائیں گے۔ میراجی کی شاعری کے فہم وادراک کا حصول قاری کو غور وفکر پر مجبور کرتا ہے' لیکن تن آسان طبیعتیں اپنی کمزوریوں کو چھپانے کے لیے میراجی کو ابہام پرست قرار دینے میں ہی اپنی عافیت سمجھتے ہیں۔ لیکن ان کا یہ دعویٰ اس وقت باطل ٹھہرتا ہے جب میراجی کی حد درجہ مبہم نظموں کی عمدہ تعبیریں سامنے آتی ہیں۔

میراجی کی شاعری سے اس بات کا بخوبی احساس ہوتا ہے کہ وہ جدید شہری زندگی سے حد درجہ خائف تھے۔ اگرچہ انہوں نے اس کا کہیں کھل کر اظہار نہیں کیا ہے لیکن ان کی تخلیقات سے یہ تاثر ملتا ہے کہ وہ جدید سے زیادہ سرزمینِ وطن کی قدیم تہذیبی اقدار وروایات اور رسوم ورواج کے ہی عاشق تھے۔ قدیم اقدار وروایات سے حد درجہ لگاؤ انہیں گیت کی حسین فضا کی طرف ملتفت کرتا ہے۔ گیت محبت وخلوص کی علامت ہے اور انسان کے فطری جذبات کا معصومانہ اظہار ہے۔ میراجی نے ایک ایسے وقت میں گیت کو دوبارہ زندہ کیا جب یہ صدیوں پہلے فارسی شاعری کی تقلید کے نتیجے میں ازکار رفتہ ہو چکا تھا۔ میراجی گیت کو اپنے فطری جذبات، خیالات اور احساسات کے اظہار کے لیے ہی استعمال کرتے ہیں۔

دکھ بھی سکھ ہے، کوئی جو بولے
سن لے، اکیلا بیٹھ کے رولے
چاہے سنبھلے، چاہے ڈولے
دل کو دے یہ گیان
جب ڈھب آن پڑی، سکھ جان

پہلا دھندلکا دور ہوا ہے
جھنجھٹ کل کا دور ہوا ہے
آنسو ڈھلکا، دور ہوا ہے
دو پل کا مہمان
جس ڈھب آن پڑی، سکھ جان

میرا جی نے اپنی تخلیقی صلاحیتوں کو بھرپور انداز میں بروئے کار لانے کے لیے اپنے آپ کو ہر طرح کی سماجی بندش سے آزاد کیا تھا انہوں نے اپنے عہد کے انسان کی پیروڈی بننا پسند نہیں کیا۔ اگر وہ بھی سماج کے اصولوں اور آدرشوں کے مطابق زندگی گزارتے تو شاید اس بات کا امکان ہوتا کہ انہیں کسی حد تک اپنے فن کا خون کرنا پڑتا، انہوں نے بلا وجہ ایک جوگی یا سادھو کا روپ دھارن نہیں کیا تھا بلکہ وہ اپنے فن کو سجانے او رسنوارنے میں اس قدر محو تھے کہ انہیں زندگی کی دوسری ضروریات کی طرف توجہ کرنے کا موقعہ ہی نہ ملا۔ ویسے بھی میرا جی کا عجیب وغریب حُلیہ ان کی فنی قدر و قیمت طے کرنے میں حائل نہیں آنا چاہیے۔ بحیثیت مجموعی میرا جی نے جس موضوع پر بھی لکھا ہر جگہ انہوں نے اپنی انفرادیت کے نقوش چھوڑے ہیں۔ اگر وہ جدید نظم کے سب سے زیادہ منفرد اور بلند قامت شاعر ہیں تو اس کی بنیادی وجہ یہ ہے کہ انہوں نے اپنے مافی الضمیر کے اظہار کے لیے ایک بالکل منفرد زبان کی تخلیق کی۔ انہوں نے جس طرح کی علامتوں، استعاروں، تمثیلوں اور تراکیب کا استعمال کیا ہے وہ یقیناً جدید نظم کے باب میں ان کا ہی حصہ ہے۔

◀◀ ● ▶▶

● محمد فرحان دیوان

نظیر اکبر آبادی کی شاعری میں مشترکہ تہذیب کی عکاسی

نظیر اکبر آبادی اردو ادب کے چند ایسے شاعروں میں شمار ہوتے ہیں جنہوں نے اردو شاعری کی عام روش سے الگ ہٹ کر ایک منفرد پیرائے بیان اختیار کیا اور شاعری کو عاشق و معشوق، گل و بلبل کی بندشوں سے آزاد کراتے ہوئے انسانی زندگی کی تلخ حقیقتوں سے روشناس کرایا۔ ہندوستانی عوام کی غربت، متوسط طبقوں کی لاچاری، ان کی رنگارنگ زندگی اور ان سے جڑے ہر طرح کے مسائل کو اپنی شاعری کا موضوع بنایا۔

نظیر اکبر آبادی اردو نظم کے معمارِ اول تسلیم کیے جاتے ہیں۔ اردو شاعری میں زندگی اور خارجی دنیا کی صحیح نمائندگی کا آغاز نظیر ہی کی شاعری سے ہوتا ہے۔ انھوں نے اپنی شاعری میں ہندوستانی تہذیب و ثقافت کا بیان اتنی کثرت سے کیا ہے کہ یہی تہذیبی اقدار کا حوالہ ان کی بنیادی شناخت بن گئی اور ان کی شاعری کا مطالعہ کرتے ہوئے قاری اس نتیجے پر پہنچتا ہے کہ ہندوستان میں بسنے والے مختلف مذاہب کے لوگ گویا ایک ہی کڑی میں پروئے ہوئے نظر آتے ہیں۔ انھوں نے دنیا کو بہت قریب سے دیکھا اور برتا ہے اسی وجہ سے انھیں یہ دنیا تمام تر خرابیوں کے باوجود عزیز ہے۔ لہٰذا نظیر کے متعلق اتنا کہنا ہی کافی ہوگا کہ وہ ہندوستان کے ذرے ذرے میں محسوس کیئے جاتے ہیں۔ بقول مجنوں گورکھپوری۔

"نظیر خالص ہندوستانی شاعر تھے۔ ہندوستان کی زندگی اور ہندوستان کے رسوم و روایات ان کی شاعری کے لازمی عناصر ہیں۔ وہ اپنی گرد و پیش کی زندگی کے عام سے عام واقعات کے ساتھ سچی موانست رکھتے ہیں اور انھیں سے اپنی شاعری کے لیے مواد حاصل کرتے ہیں۔ نظیر اردو کے پہلے شاعر ہیں جن کا کلام پڑھ کر ہندوستان کے حالات اور عام معاشرت اور یہاں کے رسم و رواج کے متعلق معلومات حاصل کیے جاسکتے ہیں"۔[1]

یہ اس زمانے کی بات ہے جب ہندوستانی شعرا اپنی شناخت کو کھوتے ہوئے ایرانی شاعری کی پیروی کر رہے تھے۔ ان کا انداز بیان، بحریں اور مضمون بھی تقریباً وہی تھا۔ جس کی وجہ سے اردو شاعری پر نقالی کا بھی اعتراض کیا گیا۔ کہنے والوں نے تو اسے ایرانی شاعری کا ترجمہ تک قرار دے دیا لیکن یہ پورے

طور پر درست نہیں تھا کیوں کہ میرؔ اور سوداؔ جیسے عظیم شاعروں کے علاوہ بہت سے ایسے شاعر گزرے ہیں جنھوں نے بکثرت ایسے اشعار کہے جو اپنے مضمون، تخیل اور انداز بیان کے لحاظ سے خالص ہندوستانی تھے۔ اسی کڑی کے سب سے عظیم شاعر نظیر اکبرآبادی ہیں جنھوں نے شاعری کی عام روش کو ہی بدل دیا۔ انھوں نے اپنے کلام میں مقامی زندگی کی رنگا رنگی، موسموں کا بیان، پھلوں کا تذکرہ، تیوہاروں کا دلکش منظر اور اخلاق وتصوف کو جگہ دی۔

نظیر اکبرآبادی نے عوام سے قریب رہ کر شاعری کی۔ اسی لیے ان کی شاعری میں مقامی رنگ صاف نظر آتا ہے جن میں مختلف تیوہاروں کا ذکر، تقریبوں اور میلوں ٹھیلوں کی رنگا رنگی دیکھنے کو ملتی ہے۔ ہولی، دوالی، راکھی، جنم کنھیا جی، بلدیو جی کا میلا، درگا جی کے درشن، کبوتر بازی، پتنگ بازی، تیرا کی کا میلا، عرس حضرت سلیم چشتی وغیرہ کے ساتھ ساتھ عید اور شب برات جیسے تیوہار ان کی شاعری کا اہم موضوع ہیں۔

بیسوی صدی کے شاعروں میں نظیر ہی ایک ایسے شاعر گزرے ہیں جنھوں نے انسانی زندگی کے پیچیدہ معاملات و مسائل کو اپنی شاعری کا موضوع بنایا، زندگی کے رنج وغم، مسرت و انبساط، طبقاتی کشمکش، سماجی تصادم اور عدم مساوات کو شاعری کے ذریعے اجاگر کرنے کی کوشش کی اور ادب کو انسانی زندگی سے قریب تر لا کھڑا کیا۔ انھوں نے اپنے زمانے کے عام رجحان سے الگ ہٹ کر ایسا طرز انداز اختیار کیا جسے انہوں نے خود ایجاد کیا اور خود ہی پروان چڑھایا۔ بقول مخمور اکبرآبادی۔

''کیا یہ طریقۂ کار انسان پر احسان نہیں کہ نظیر نے شعر کی دولت سوسائٹی کے اس طبقے تک پہنچا دی، جو اب تک ہر اعتبار سے نا اہل سمجھا جاتا تھا اور اس میں سمجھنے اور غور کرنے کی صلاحیت پیدا کر دی۔ فیضِ سخن ایک بڑی مشہور بات ہے لیکن جس سخن سے صحیح معنی میں فیض پہنچا وہ نظیر ہی کا سخن ہے''[۲]

نظیر اکبرآبادی نے شاعری میں جس صنف کو اپنی سخن کا موضوع بنایا وہ نظم ہے۔ ناقدین نے بھی نظیر کی نظموں کو ہی ان کی شاعری کا اصل کارنامہ قرار دیا اور یہی صنف انھیں اردو شاعری میں ایک مستقل دور کا بانی قرار دیتی ہے۔

حالیؔ اور آزادؔ جو جدید اردو نظم کے معمار ہیں وہ بھی نظیر کی شاعری سے اثر قبول کیے بغیر نہیں رہ سکے اگر نظیر ریچھ کا بچہ، کورا برتن، تندرستی نامہ، اوس، موسم زمستان، برسات کی بہاریں، بنجارہ نامہ، ہنس نامہ، مفلسی نامہ جیسی نظمیں نہیں لکھتے تو حالی کی برکھا رت، مناجات بیوہ، شکوہ ہند جیسی لافانی نظمیں کیسے وجود میں آتیں۔ اسی وجہ سے نظیر کی شخصیت کا زور اور بھرپور اظہار خیال ان کی نظموں میں ہی دیکھنے کو ملتا ہے۔ انھوں نے شاعری کو مذہب یا دھرم کی عینک سے نہیں بلکہ انسانیت کی آنکھوں سے دیکھا۔ ہولی ہو یا دیوالی، عید کا تیوہار ہو یا شب برات، سکھوں کا تیوہار ہو یا پارسیوں کا نورس وہ ہر جگہ اپنے قلم کا زور دکھاتے ہوئے نظر آتے ہیں۔ آج بھی ان کی نظموں کے ذریعے میل محبت اور

اتحاد کا درس ملتا ہے۔نظیر نے شری کرشن پر جو نظمیں لکھیں ان میں جگہ جگہ مقامی رنگ و آہنگ رونماں ہے۔ کرشن کے بچپن کا وہ منظر جس میں وہ دودھ، ماکھن اور ملائی کھاتے تھے اسے نظیر نے کتنے دلکش انداز میں بیان کیا ہے:

تھے جو گوالنوں کے لگے گھر سے جا بجا — جس گھر کو خالی دیکھا اسی گھر میں جا پھرا
ماکھن، ملائی، دودھ جو پایا سو کھا لیا — کچھ کھایا کچھ خراب کیا کچھ گرا دیا
ایسا تھا بانسری کے بجیا کا بالپن — کیا کیا کہوں میں کشن کنہیا کا بالپن [۳]

دوسری طرف وہ ''بابا نانک شاہ گرو'' اور ''حضرت سلیم چشتی'' پر دل و جان سے نثار نظر آتے ہیں عقیدت کے پھولوں سے پورا سماں مہکا دیتے ہیں۔ حضرت سلیم چشتی کی عظمت کا اعتراف کرتے ہوئے ان کی شان میں وہ یہ اشعار پڑھتے ہیں:

ہیں دو جہاں کے سلطاں حضرت سلیم چشتی — عالم کے دین و ایماں حضرت سلیم چشتی
سر دفترِ مسلماں حضرت سلیم چشتی — مقبول خاص یزداں حضرت سلیم چشتی
سردار ملک وعرفاں حضرت سلیم چشتی [۴]

نظیر نے اپنی نظموں میں فقط رنگ و آہنگ کا ذکر نہیں کیا بلکہ ہندوستان کے مخصوص موسموں اور ان کی کیفیات برسات، جاڑا، بسنت اور اوس وغیرہ پر دلکش نظمیں لکھ کر رُت کی سچی علامتوں اور موسمی کیفیات کا گہرا شعور اپنی نظموں میں پیش کیا۔ نظم ''جاڑا'' میں وہ موسم کی حالت پر مختلف زاویوں سے نظر ڈالتے ہوئے اس کی ہو بہو تصویر اتارتے ہیں:

جب ماہِ اگھن کا ڈھلتا ہو تب دیکھ بہاریں جاڑے کی — اور ہنس ہنس پوس سنبھلتا ہو تب دیکھ بہاریں جاڑے کی
دن جلدی جلدی چلتا ہو، تب دیکھ بہاریں جاڑے کی — پالا بھی، برف پگھلتا ہو، تب دیکھ بہاریں جاڑے کی
چلّا خم ٹھوک اچھلتا ہو تب دیکھ بہاریں جاڑے کی

نظیر کا کمال صرف یہ نہیں کہ انھوں نے سب سے پہلے ان موضوعات پر قلم اٹھایا بلکہ یہ ہے کہ انھوں نے خیالی دنیا کے برخلاف حقیقت کا بیان کیا۔ انسانی جذبات واحساسات کی ترجمانی کی، رنگ و نسل، مذہب وملت کے اختلافات کو خاطر میں نہیں لائے۔ ان کی نظر میں قابل احترام چیز انسانی ہمدردی اور بے تعصبی ہے۔ جسے انھوں نے اپنی شاعری کے ذریعے عام کیا۔ دوسرے مذاہب کے پیشواؤں اور تیوہاروں کے متعلق ان کی نظموں سے ایک بات تو واضح ہو جاتی ہے کہ ان تیوہاروں، تقریبوں، میلوں، ٹھیلوں کا صرف انھوں نے بیان نہیں کیا بلکہ اس میں پوری دلچسپی کے ساتھ شامل بھی ہوئے۔ نظیر نے ہندوؤں کے تقریباً سبھی تیوہاروں پر نظمیں لکھیں لیکن جس کثرت سے ہولی پر نظمیں لکھیں شاید ہی کسی ہندو

شاعر نے اتنی کثیر تعداد میں نظمیں لکھی ہوں۔

نظیر اکبر آبادی ایک ایسے شاعر ہیں جنھیں صحیح معنوں میں ہندوستان کا عوامی شاعر کہا جا سکتا ہے ان کی شاعری میں وطن کی محبت ، یہاں کے رسم ورواج ،مذہبی عقائد، تیوہار، تقریبات ،موسم ، کوہ و دریا ،صحراوچمن خاص طور پر شامل ہیں۔انھوں نے اپنی شاعری سے عام و خواص کے دلوں میں جگہ بنائی ،معاشرت ،سماج اور ماحول کی ترجمانی کر کے انسانیت کے احترام کا جذبہ بیدار کیا۔کلیم الدین اردو کے پہلے ناقد ہیں جنھوں نے باضابطہ طور پر نظیر اکبر آبادی کی شاعری کا تفصیلی محاکمہ کیا اور ادب نواز قارئین میں یہ توجہ مبذول کرائی کہ ہمارے اردو میں بھی ایسا شاعر گزر چکا ہے جس نے حقیقت نگاری کو اپنا وسیلۂ اظہار بنایا۔کلیم الدین احمد لکھتے ہیں:

''نظیر حقیقت طراز شاعر ہیں۔جو چیزیں وہ گرد و پیش میں دیکھتے ہیں،ان کی جیتی جاگتی تصویریں اتارتے ہیں۔اور یہ سب چیزیں خاص ہندوستان کی فضا میں سانس لیتی ہیں۔''[6]

نظیر اکبر آبادی کی شاعری بے تعصبی ، رواداری ،انسان دوستی اور مساوات کا اعلیٰ نمونہ ہے۔غرض یہ کہ نظیر کی شاعری کا بڑا حصہ اتحاد و یگانگت ،انسانی ہمدردی اور بھائی چارگی کی ترجمان ہے۔ان کی ہمیشہ یہی خواہش رہی کہ ہندوستان کے ہندو اور مسلمان آپس میں مل جل کر رہیں اور ایک دوسرے کے دکھ درد میں برابر کے شریک رہیں۔نظیر اپنی شاعری میں یہی درس دیتے ہوئے نظر آتے ہیں کہ ''مذہب نہیں سکھاتا آپس میں بیر رکھنا'' اور اسی مفہوم کو سرسید احمد خاں اپنے ایک مضمون میں کتنی خوبصورتی سے بیان کرتے ہیں:

''ہندوستان ایک خوبصورت دلہن ہے اور ہندو اور مسلمان اس کی دو آنکھیں اس کی خوبصورتی اس میں ہے کہ اس کی دونوں آنکھیں سلامت و برابر رہیں۔اگر ان میں سے ایک برابر نہ رہی تو وہ بھینگی ہو جائے گی اور اگر ایک آنکھ جاتی رہی تو کانی ہو جائے گی۔''[7]

غرض یہ کہ نظیر کا اول سے آخر تک پورا کلام پڑھ جائیے ، کہیں تعصب کی بو تک محسوس نہیں ہوگی۔نظیر کہیں میلوں ٹھیلوں ، باغ بغیچوں کی سیر کر رہے ہیں تو کہیں محبوب سے نوک جھونک ، کہیں ہولی کھیل رہے ہیں تو کہیں غور وفکر میں ڈوب گئے ہیں کہیں ذکر رسول تو کہیں یادعلی میں گم ہیں ،تو کہیں درگا جی کے درشن ،کرشن کنہیا کی بھکتی میں لین ہیں۔ان کی شاعری سے محسوس ہوتا ہے کہ ان کے جزبات ابلے چلے آ رہے ہیں۔نظیر کا دل بہت وسیع ہے انھوں نے مختلف مذاہب کے ماننے والوں میں فرق نہیں کیا۔

اس طرح نظیر کی شاعری کا مطالعہ کرنے سے یہ بات پورے طور پر واضح ہو جاتی ہے کہ نظیر نے زندگی آنکھیں کھول کر گزاری تھی ان کی آنکھ کبھی جھپکی ہی نہیں۔اس لیے انھوں نے اپنے بس بھر زندگی کو اچھی

طرح سمجھنے کی کوشش کی ،انھوں نے زندگی کے اونچ نیچ ،بھید بھاؤ، نیکی بدی، امیری غریبی، شرافت رذالت غرض ہر پہلو پر غور فکر کیا اور جس چیز کو جیسا پایا ویسا ہی ہو بہو پیش کر دیا لیکن انسانی ہمدردی ہر جگہ ان کے پیش نظر رہی انسان کی عظمت پر اس طرح روشنی ڈالتے ہیں کہ وہ قدرت کا بیش قیمتی نگینہ بن جاتا ہے بند ملاحظہ ہو:

لے آئینے کو ہاتھ میں اور بار بار دیکھ — صورت میں اپنی قدرت پرور دگار دیکھ
خال سیاہ اور خط مشک بار دیکھ — زلف دراز طرۂ ر شار دیکھ
ہر لحظ اپنی چشم کے نقش و نگار دیکھ — اے گل تو اپنے حسن کی آپ ہی بہار دیکھ[8]

اس طرح اردو شاعری میں نظیر کی عظمت اور حیثیت کا تعین ان کی نظموں سے ہی ہوتا ہے۔ غزل کے اجمال کے مقابلے میں نظم کی تفصیل اور اس کے اشارے کے مقابلے میں نظم کی یہ وضاحت نظیر کی شاعری کے تمام گوشوں پر حاوی ہے۔ ان کی بھرپور شخصیت پوری طرح نظموں میں ہی اجاگر ہوتی ہے انھوں نے اپنی نظموں میں زندگی کے ہر پہلو کو بے نقاب کرنے کی کامیاب کوشش کی ہے۔ نظیر نے شعر کو زندگی سے اتنا قریب کر دیا ہے کہ زندگی کے تمام پہلوؤں کا عکس ان کی شاعری میں نظر آتا ہے۔ ان کے کلام میں محاوروں کا استعمال بھی کثرت سے ملتا ہے۔ نظیر کے علاوہ یہ خصوصیت صرف انیسؔ کے کلام میں نظر آتی ہے۔ محاوروں کے استعمال سے نظیر کی شاعری کا لطف دوبالا ہو گیا ہے چند اشعار ملاحظہ ہوں۔

عشاق جانثاروں میں، میں تو امام ہوں — یہ کہہ کے میں جو اس کے گلے سے لپٹ گیا
کتنا ہی اس نے تن کو چھڑایا جھڑک جھڑک — پر میں بھی قینچی باندھ کے ایسا چمٹ گیا
یہہ کش مکش ہوئی تو گریباں مرا ادھر — ٹکڑے ہوا اور اس کا ڈوپٹہ بھی پھٹ گیا
آخر اسی بہانے ملا یار سے نظیرؔ — کپڑے بلا سے پھٹ گئے سودا تو پٹ گیا[9]

ان اشعار میں ''قینچی باندھنا'' اور ''سودا پٹنا'' وغیرہ قابل غور ہیں اور یہی نظیر کی زبان و بیان پر عبور کی دلیل ہے کیوں کہ شاعری میں محاوروں کا اتنا خوبصورت استعمال کرنا آسان نہیں جسے نظیر نے کر دکھایا۔ چونکہ ان کی شاری کا زیادہ تر حصہ عوامی زندگی پر منحصر ہے اس لیے انھوں نے اپنی شاعری میں عوامی زبان کا ہی استعمال کیا ہے۔ نظیر نے شاعری کو عاشق و معشوق، گل و بلبل کی قید سے آزاد کراتے ہوئے حقیقی دنیا میں لا کھڑا کیا اور اردو کی روش کو بدلنے میں کامیابی حاصل کی۔

۱: نظیر اکبر آبادی کے کلام کا تنقیدی مطالعہ، ڈاکٹر سید طلعت حسین نقوی، ص ۳۱۶، ۳۱۷
۲: نظیر اکبر آبادی کے کلام کا تنقیدی مطالعہ، ڈاکٹر سید طلعت حسین نقوی، ص ۳۳۳
۳: نظیر اکبر آبادی کے کلام کا تنقیدی مطالعہ، ڈاکٹر سید طلعت حسین نقوی، ص ۳۱۹

۴۔ نظیر اکبرآبادی کے کلام کا تنقیدی مطالعہ، ڈاکٹر سید طلعت حسین نقوی، ص ۳۱۸
۵۔ نظیر اکبرآبادی کے کلام کا تنقیدی مطالعہ، ڈاکٹر سید طلعت حسین نقوی، ص ۳۴۷
۶۔ نظیر اکبرآبادی کے کلام کا تنقیدی مطالعہ، ڈاکٹر سید طلعت حسین نقوی، ص ۳۴۷
۷۔ نظیر اکبرآبادی کے کلام کا تنقیدی مطالعہ، ڈاکٹر سید طلعت حسین نقوی، ص ۳۵۸/۵۹
۸۔ نظیر اکبرآبادی کے کلام کا تنقیدی مطالعہ، ڈاکٹر سید طلعت حسین نقوی، ص ۴۵۵،۴۵۴
۹۔ نظیر اکبرآبادی کے کلام کا تنقیدی مطالعہ، ڈاکٹر سید طلعت حسین نقوی، ص ۴۸۸

◄◄ ● ►►

• ارشاد آفاقی

طنز و مزاح کے مابین رشتہ

طنز و مزاح ایک مشکل، نازک اور خطرناک فن ہے۔ اس میں معمولی سی لغزش ابتذال اور پھکڑ پن کا باعث بنتی ہے اور ذرا سی بے اعتدالی اور ناپختگی فن کو مجروح کرتی ہے۔ اور یہ فن طعن و تشنیع سے گزر کر سب وشتم اور دشنام طرازی میں داخل ہو جاتا ہے۔ اور دشمن کے بجائے خود عامل اس کا شکار ہو جاتا ہے اس لئے پھر وہ اپنے چہرے کو دوسروں سے مضمر ہی رکھنا چاہتا ہے کیونکہ بقول رشید احمد صدیقی:۔

''غم و غصہ میں مقررہ حدود سے تجاوز کر جائے تو لوگ معاف کر دیتے ہیں۔ علالت تک معاف کر دیتی ہے! لیکن ظرافت میں ذرا چوک ہو جائے تو کوئی نہیں بخشتا اور اس لئے نہیں بخشتا کہ بخشنے والا خود منہ دکھلانے کے قابل نہیں رہتا۔'' [1]

لہٰذا طنز و مزاح نگار کے لیے لازمی ہے کہ وہ اپنے فن پاروں میں ایسے منفرد اسالیب اور آزمودہ حربوں سے کام لے۔ جن کی بدولت وہ اپنے فن کو رکیک اور پست جذبوں سے بچانے کے علاوہ طعن و تشنیع، ابتذال اور فحاش سے پاک رکھیں۔ کیونکہ یہ فن بال سے باریک اور تلوار کی دھار سے زیادہ تیز ہے۔ اس لئے یہاں ذرا قدم ڈگمگانے سے اپنے ہی ہاتھ پیر لہولہان ہو جاتے ہیں۔ نہ یہاں زیادہ شوخی دکھانے کی آزادی ہے اور نہ زیادہ احتیاط سے کام لینے کی گنجائش ہے۔ زیادہ شوخی دکھائی تو پھکڑ پن اور ابتذال کا الزام عائد ہو جاتا ہے اور ذرا احتیاط سے کام لیا جائے تو مضمون سپاٹ اور بے مزہ ہو کر رہ جاتا ہے۔ اس لئے دوسرے فنون کے مقابلے میں طنز و مزاح زیادہ دقیق اور نازک فن ہے۔ جہاں لکھنے والے کو بڑی احتیاط، اعتدال اور توازن سے کام لینا پڑتا ہے۔

جہاں تک طنز اور مزاح کے مابین رشتہ اور قرابت کا تعلق ہے۔ یہ بات وثوق سے کہی جاسکتی ہے کہ یہ دونوں ایک دوسرے میں اسطرح مدغم اور پیوست ہیں جیسے زندگی اور سانس۔ بقول ڈاکٹر روف پاریکھ:۔

''اردو ادب میں طنز اور مزاح اس طرح گھلے ملے اور یک جان ہوتے ہیں کہ ان کی الگ الگ سرحدوں کی نشاندہی بے حد دشوار بلکہ تقریباً ناممکن ہوتی ہے۔'' [2]

۱؎ طنز خطرناک مشغلہ ہے، رشید احمد صدیقی، ص:۱۹، ماہنامہ شاہراہ دہلی (طنز و مزاح نمبر) شمارہ نمبر:۷، جلد:۷

۲؎ بحوالہ: اکیسویں صدی: مزاح اور طنز کی صدی ہے، عابد معز، ص:۳، ماہنامہ کتاب نما دہلی، شمارہ نمبر: ۳ جلد نمبر:۴۵

مزاح زندگی، ماحول، سماج اور فرد کی ناہمواریوں اور کمزوریوں کے ہمدردانہ شعور کا نام ہے لیکن طنز حیات، حالات، معاشرے کی بد نظمی اور کجرویوں کا بے رحمانہ اظہار ہے۔ مزاح سماج اور زندگی سے ہمدردی، لگاؤ، انس اور مفاہمت کی پیداوار ہے اس کے برعکس طنز زندگی اور ماحول سے برہمی اور بیزاری کے نتیجے میں رونما ہوتا ہے۔ مزاح نگار کے یہاں تفریحی اور دلگی کا جذبہ ہوتا ہے اور طنز نگار کے یہاں اصلاحی جذبہ، مزاح میں ہمدردی اور مفاہمت اور طنز میں نشتریت اور نفرت کا عنصر غالب رہتا ہے۔ ایک کسی بُرائی، بدی، کمزوری یا کسی چیز پر ہنسنے کے بعد اس سے محبت کرتا ہے اور دوسرا ان پر ہنسنے کے بعد اس سے نفرت کرتا ہے گویا طنز ٹوٹے ہوئے تانے بانے کو بکھیر تا دیتا ہے اور مزاح اسکو جوڑنے کی سعی و تدبیر کرتا ہے۔ رشید احمد صدیقی لکھتے ہیں

''طنز حربہ ہے، ظرافت طاقت، طنز بغاوت ہے، ظرافت انقلاب۔'' ۱؎

یہی وجہ ہے کہ اکثر و بیشتر ادباء، محقق اور نقاد طنز کے ساتھ مزاح کا ہونا لازمی اور اہم سمجھتے ہیں جبکہ بعض کا خیال ہے کہ مزاح کے لیے طنز کا ہونا ضروری نہیں ہے۔ اس سلسلے میں آل احمد سرور رقمطراز ہیں:۔

''طنز اور مزاح میں گہرا تعلق ہے۔ طنز کا ایک مقصد ہوتا ہے۔ یہ زخم لگا کر اصلاح کرنا جانتی ہے۔ مزاح صرف تضادات عجائبات قول و فعل کے فرق ہموار کرنا سکھاتا ہے مزاح میں طنز کی لے ضروری نہیں مگر طنز میں ادبیت اور دلکشی مزاح کی چاشنی سے آتی ہے۔'' ۲؎

بعض لوگ طنز کو مزاح پر فوقیت اور اہمیت دیتے ہیں اور طنز کو مزاح کے مقابلے میں مقدم سمجھتے ہیں۔ لیکن وزیر آغا کے نزدیک دونوں کی اہمیت، معنویت اور ضرورت یکساں ہے۔ بقول ان کے:۔

''بعض لوگوں کے نزدیک طنز کو اپنی افادیت کے باعث مزاح پر نمایاں فوقیت حاصل ہے۔ ان کا خیال ہے کہ جہاں مزاح ایک قومی کارنامہ ہے۔ وہاں طنز ایک بین الاقوامی حیثیت رکھتی ہے۔ دوسرے لفظوں میں ایسے لوگ مزاح برائے مزاح کو درخورِ اعتنا نہیں سمجھتے۔ ان کی دانست میں طنز ہی ادب میں مستقل اقدام کی حامل ہے لیکن درحقیقت یہ نظریہ محض غلط فہمی پر مبنی ہے۔ اس میں کوئی شک نہیں کہ طنز سماج اور انسان کے رستے ہوئے زخموں کی طرف ہمیں متوجہ کر کے بہت بڑی انسانی خدمت سرانجام دیتی ہے لیکن

دوسری طرف خالص مزاح بھی تو ہماری بجھی ہوئی پھیکی اور بدمزہ زندگیوں کو منور کرتا اور ہمیں مسرت بہم پہنچاتا ہے۔ فی الواقع افادیت کے نقطۂ نظر سے دونوں ہمارے رفیق اور غم گسار ہیں اور ہم ایک کو دوسرے پر فوقیت دینے سے قاصر۔'' ۳؎

۱؎ طنز خطرناک مشغلہ ہے، رشید احمد صدیقی، ص:۱۹، ماہنامہ شاہراہ دہلی (طنز و مزاح نمبر) شمارہ نمبر: ۷، جلد نمبر: ۷

۲؎ بحوالہ: مشتاق احمد یوسفی کی ادبی خدمات، ڈاکٹر محمد طاہر، ص:۴۴

۳؎ اردو ادب میں طنز و مزاح، وزیر آغا، ص:۴۹۔۵۰

دراصل طنز و مزاح ایک ہی سکے کے دو رُخ ہیں کیونکہ جسطرح ایک سکے کے دو پہلوؤں میں کبھی ایک پہلو اوپر اور دوسرا نیچے اور کبھی دوسرا عیاں اور پہلا پوشیدہ رہتا ہے اسی طرح کسی فن پارے میں کبھی طنز زیادہ ہوتا ہے اور مزاح کم اور کبھی مزاح غالب رہتا ہے اور طنز کم اس لئے عموماً خالص مزاح نگار اور خالص طنز نگار معدودے چند ہی ہیں جبکہ طنز و مزاح نگاروں کی تعداد بہت ہیں۔ اصل میں طنز کرتے کرتے مزاح کی ضرورت پڑتی ہے اور مزاح کے ساتھ طنز کی۔

کیونکہ طنز کی آمیزش سے مزاح میں جان پڑ جاتی ہے اور مزاح کی آمیزش سے طنز کی تلخی اور ترشی کم ہو جاتی ہے۔ دوسرے لفظوں میں ہم یہ کہہ سکتے ہیں کہ اگر طنز میں مزاح موجود نہ ہو تو وہ طعن اور دشنام بن کے رہ جاتا ہے اور اگر مزاح میں طنز نہ ہو وہ کبھی کبھی بے مزہ اور پھکڑ بن جاتا ہے۔ بقول شمس الرحمٰن فاروقی:۔

''مزاح میں گہرائی طنز کے بغیر نہیں آسکتی اور طنز کی پہلی شرط غصہ نہیں بلکہ فکر ہے۔'' ۱؎

فاروقی کی رائے سے یہ بات واضح ہو جاتی ہے کہ مزاح تب تک کارگر اور موثر نہیں ہوتا ہے۔ جب تک نہ اس میں طنز کی حلاوت ہو، اور طنز کے لیے گہرا غور فکر، غیر معمولی فہم و ادراک، وسیع مشاہدہ و مطالعہ، عرفانِ ذات اور معاشرے کا شعور ہونا لازمی ہے۔ گویا مزاح کی چاشنی اور پیرائے بیان کی لطافت اور مٹھاس کے بغیر طنز استہزاء اور لعن طعن بن جاتا ہے اور طنز کے میل ملاپ کے بغیر مزاح میں گہرائی پیدا نہیں ہو سکتی ہے۔ طنز اور مزاح کے قریبی ارتباط کا ذکر کرتے ہوئے سلیمان اطہر جاوید رقمطراز ہیں:۔

''طنز اور مزاح کی جداگانہ اہمیت کے باوجود وہ باہم دگر مربوط ہوتے ہیں۔ ایک طنز نگار اس وقت تک کامیاب طنز نگار کہلایا نہیں جا سکتا آنکہ اس نے مزاح سے اپنے فن کو تب و تاب نہ دی ہو۔ اسی طرح طنز کے سہارے کے بغیر مزاح کی چاشنی برقرار نہیں رہ سکتی۔ طنز محض گالی بن جاتا ہے اور صرف مزاح پھکڑ پن۔ کیفیت و کمیت میں فرق ہوتا ہے لیکن ایسے فنکار بہت کم ہونگے جنھوں نے محض طنز یا محض مزاح

سے کام لیا ہو اور اگر ایسے ہوں بھی تو ادبی اور معاشرتی اعتبار سے ایسے فنکاروں کو وجود اور عدم موجودگی مساوی ہے۔'' ۲

اس بات کی مزید وضاحت وصراحت کرتے ہوئے ڈاکٹر خالد محمود لکھتے ہیں:۔

''اردو کے بیشتر طنز نگاروں نے پرانے حکیموں کی طرح طنز کی کڑوی کسیلی دوائیں مزاح کی مٹھائی میں لپیٹ کر کھلانے کی کوشش کی ہے۔ اسی لیے خالص طنز اور خالص مزاح کے پہلو بہ پہلو طنز و مزاح کے مشترک نمونوں کی مقدار زیادہ ہے۔'' ۳

۱ مجتبیٰ حسین اور طنز و مزاح نگاری، شمس الرحمان فاروقی، ص:۴۰، ماہنامہ شگوفہ حیدرآباد (مجتبیٰ حسین نمبر) جلد:۲۰

۲ بحوالہ: مشتاق احمد یوسفی کی ادبی خدمات، ڈاکٹر محمد طاہر، ص:۴۸

۳ اردو ادب میں طنز و مزاح کی روایت، مرتب: ڈاکٹر خالد محمود، ص:۱۲

مندرجہ بالا تمام آراء سے یہ بات روزِ روشن کی طرح عیاں ہو جاتی ہے کہ طنز اور مزاح ایک دوسرے کے لیے لازم وملزوم اور ضروری ہے۔ اور ان دونوں کے مابین چولی دامن کا ساتھ ہے۔ جس کا اعتراف سہیل انور نے ان لفظوں میں کیا ہے:۔

''جب بھی طنز کا چرچہ ہوتا ہے حسِ مزاح کا شعوری وغیر شعوری طور پر در آنا ضروری ہے۔ اسی طرح جب بھی مزاح کی بابت باتیں ہوتی ہیں تو طنز کا عنصر کسی نہ کسی صورت میں اس میں شامل ہوتا ہے۔ لہٰذا دونوں صورتیں ایک دوسرے کے لیے لازم وملزوم ہیں۔'' ۱

ڈاکٹر خان محمد عاطف نے طنز و مزاح پر اظہارِ خیال کرتے ہوئے لکھا ہے کہ

''طنز ہی دراصل مزاح ہے اور لطافت کا دوسرا نام مزاح ہے۔'' ۲

حالانکہ اگر تجزیاتی نقطہ نظر اپنایا جائے تو دونوں جدا جدا ہے لیکن دونوں میں چولی دامن کا ساتھ بھی ہے۔ ان دونوں کے درمیان گہرا رشتہ اور قریبی ارتباط ہے مگر طنز کو مزاح سمجھنا اور مزاح کو طنز سمجھنا ٹھیک نہیں۔ البتہ دونوں کے میل میلاپ اور ربط وضبط سے ایسی گہری مفاہمت پیدا ہوگئی کہ یہ دونوں یک جان ہو گئے۔ اسلوب احمد انصاری لکھتے ہیں:۔

''مزاح زندگی کے غیر متناسب اور بے جوڑ مظاہر کو نمایاں کرنے سے پیدا ہوتا ہے اور طنز کی ہلکی ہلکی آمیزش اُسے جاندار، تابناک اور دیرپا بنا دیتی ہے۔'' ۳

مختصراً یہی کہا جا سکتا ہے کہ طنز مزاح میں اور مزاح طنز میں اس طرح مدغم اور پیوست ہو گئے کہ بعض

اوقات ان دونوں کی علیٰحدہ علیٰحدہ سرحدوں کی تشخیص کرنا نہ صرف محال بلکہ تقریباً ناممکن ہو جاتی ہے۔ اور اس کے لیے یہ دلیل ہی کیا کم ہے کہ اردو ادب میں ان دونوں صفات اور خوبیوں کو ایک ساتھ استعمال کیا جاتا ہے اور دونوں کی موجودگی کا احساس ایک ہی فن پارے میں بیک وقت ہوتا ہے۔ اس لیے اُردو ادب میں خالص طنز نگاروں یا مزاح نگاروں کا وجود اور عدم موجودگی یکساں ہے جبکہ طنز و مزاح نگاروں کی تعداد ان گنت ہے۔

◀◀ ● ▶▶

۱ مرزا فرحت اللہ بیگ بحیثیت مزاح نگار (طنز و مزاح کے فرق کے تناظر میں) ص:۲۱، ماہنامہ آجکل نئی دہلی، شمارہ نمبر:۲، جلد نمبر:۶۲

۲ فارسی شاعری میں طنز و مزاح، ڈاکٹر خالد محمد عاطف، ص:۶

۳ رشید احمد صدیقی بحیثیت مزاح نگار، اسلوب احمد انصاری، مشمولہ رشید احمد صدیقی۔ کردار، افکار، گفتار، مرتب: مالک رام، ص:۱۱۳